Dorothee Schmitz-Köster

Raubkind

Dorothee Schmitz-Köster

Raubkind

Von der SS nach Deutschland verschleppt

HERDER

FREIBURG · BASEL · WIEN

FSC
www.fsc.org
MIX
Papier aus verantwortungsvollen Quellen
FSC® C083411

www.herder.de

Satz: Carsten Klein, Torgau
Herstellung: CPI books GmbH, Leck

Printed in Germany

ISBN Print: 978-3-451-38380-9
ISBN E-Book: 978-3-451-81306-1

Inhalt

Aufgestört, beunruhigt, neugierig

Er wälzt sich auf die Seite, zieht die Beine an, macht sich wieder lang – nein, so wird das nichts. Also auf die andere Seite. Sofort spürt er sein Herz. Wieder auf den Rücken. Der Wecker tickt. Dreißig Jahre ist das Ding bestimmt schon alt. Und funktioniert immer noch. Sonja schnarcht leise. Eigentlich stört es ihn. Aber er hat sich daran gewöhnt. Wie er sich immer an alles gewöhnt hat, von klein auf.

Er kann einfach nicht einschlafen. Die Gedanken rasen durch seinen Kopf, springen hin und her, nichts lässt sich fassen und zu Ende führen, alles geht durcheinander. Und »Stopp« kann er auch nicht sagen.

Er muss einfach immer daran denken. Wenn er das Gras mäht, wenn er zum Einkaufen fährt, wenn er seine fünfhundert Meter schwimmt. Und wenn er mit Sonja zusammen ist sowieso. Dann reden sie darüber, immer und immer wieder. Bis Sonja meint: Lass uns doch mal über was anderes reden. Also reden sie über was anderes – aber für ihn ist es immer da, auch wenn er versucht, es beiseite zu schieben.

Kannst du wieder nicht schlafen, Klaus?, fragt Sonja plötzlich. Soll ich dir eine Tablette holen?

Nein, nein. Er wehrt ab. Entschuldigt sich, weil er sie geweckt hat. Liegt still, obwohl ihm das schwerfällt.

Als neulich dieser Brief im Kasten lag, wusste er sofort: Da kommt etwas auf ihn zu. Das wird ihn nicht mehr loslassen. Und wie auf Kommando hatte sein Herz angefangen zu holpern.

Dabei hatte die Journalistin nur geschrieben, sie sei durch ein Buch auf ihn aufmerksam geworden. Ein Buch über die SS-Familie Schäfer, das Ingeburg Schäfer verfasst habe, die älteste Tochter. »Mutter mochte Himmler nie« – er kenne das Buch sicher. Er sei doch 1944 als Pflegekind zu dieser Familie gekommen, aus dem Lebensborn-Heim in Bad Polzin. Ob er sich an dieses Heim erinnern könne? Ob er wisse, warum er dort gewesen sei? Darüber würde sie gerne mit ihm reden. Sie beschäftige sich nämlich mit dem Lebensborn, auch mit dem Heim in Bad Polzin …

Das will ich nicht!, war sein erster Gedanke gewesen. Ich weiß darüber gar nichts. Und ich will auch nicht darüber reden.

Jetzt muss er sich doch wieder umdrehen.

Fünfundsiebzig Jahre hat er jetzt gelebt, ohne etwas über die Zeit zu wissen, bevor er zu den Schäfers gekommen ist. Und schlecht waren diese Jahre nicht. Wirklich nicht. Aber so einfach lässt sich das Thema nicht beiseiteschieben.

Nein, Sonja ist nicht schuld. Sie hat natürlich nach dem Brief gefragt und ihn natürlich auch gelesen. Seitdem reden sie darüber. Nein – jetzt liegt er wieder auf dem Rücken –, er ist selbst schuld. Weil er sich immer wieder vorstellt, er würde sich auf die Journalistin einlassen. Er würde ihr seine Geschichte erzählen … Vielleicht könnte sie herausfinden, was damals passiert ist. Vor fünfundsiebzig Jahren. Mit ihm. Mit seinen richtigen Eltern, Friedrich und Maria B.

Die Schäfers haben ihm immer gesagt, die beiden seien tot, der Vater gefallen, die Mutter kurz nach der Geburt gestorben. Deshalb hätten sie ihn als Pflegekind in ihre Familie aufgenommen. Deshalb hätte er auch einen anderen Nachnamen. Er hat das geglaubt. Lange. Aber irgendwann fing er an zu zweifeln …

Jetzt ist er so wach, dass er aufstehen muss. Am liebsten würde er sich jetzt an eine Werkbank stellen und hobeln. Die gleichmäßige Bewegung täte gut. Oder mit einem Hund durch die Straßen laufen – wenn sie einen Hund hätten. Er wird uns überleben, sagt Sonja immer. Außerdem macht er Dreck. Sie hat sowieso schon genug Arbeit mit der Wohnung.

Im Flur schaut er kurz in den Werkzeugschrank. Streicht zärtlich über die schönen Hobel, die ihm ein alter Schreiner überlassen hat. Die Griffe glänzen, so glatt ist das Holz. Ja, er hat immer gerne gearbeitet. War ein guter Beruf. Und praktisch. Die Anbauwand, den Couchtisch, den Musikschrank – alles hat er selbst gebaut.

Er legt sich aufs Sofa, schaltet den Fernseher ein, schaut hin, ohne etwas zu sehen. Wer ist überhaupt diese Journalistin? Ob sie seine Geschichte ausschlachten will? Es gehe ihr um den Lebensborn, hat sie gestern am Telefon gesagt. Und was in den Heimen der SS-Organisation wirklich passiert ist. Mit den Müttern und vor allem mit den Kindern. Er ist also nur einer von vielen, mit denen sie redet. Das hat ihm gefallen. Da konnte er ihr nicht einfach absagen, sondern hat um Bedenkzeit gebeten. Jetzt macht sie sich natürlich Hoffnungen.

Wie kommt sie eigentlich darauf, dass er etwas mit dem Lebensborn zu tun hat? In Inges Buch ist davon nicht die Rede. Oder doch? Er steht auf und holt sich das Buch, das die Stiefschwester über ihre Familie geschrieben hat. Wie immer schaut er sich zuerst die Fotos im Mittelteil an. Das letzte Bild zeigt ihn mit den vier Schäfer-Kindern und der Stiefmutter. Damals war er acht oder neun und lebte schon ein paar Jahre bei ihnen. Er blättert nach vorn, wo ein Zettel steckt. Die Stelle, die ihn betrifft, ist rot angestrichen. Sie stammt aus einem Brief der Stiefmutter:

> *Ich war nämlich an diesem Tage nach Polzin gefahren, um mir aus dem Heim – nun setzt Euch erst einmal hin – unseren Pflegesohn Klaus zu holen. Er ist elternlos, im gleichen Alter wie Volker, kommt also mit ihm zusammen zur Schule, sieht nett aus, blond und blauäugig, und hat sich schon gut bei uns eingelebt. Da er lange in Heimen war, ist die Lage seiner Kleidung katastrophal. So renne ich täglich alle Geschäfte nach diesem und jenem ab …*[1]

Das hat die Stiefmutter ihren Eltern geschrieben. Im Frühjahr 1944, kurz nachdem sie ihn aus dem Heim geholt hat.

Und ausgerechnet diese Stelle ist der Journalistin aufgefallen. Obwohl die Stiefmutter das Wort Lebensborn in ihrem Brief gar nicht erwähnt. Allerdings hat sie auch kein Wort darüber verloren, dass nicht nur der Zustand seiner Kleidung katastrophal war, sondern seine ganze Verfassung. Das hat Inge im Buch ergänzt. Er habe offene Wunden an Händen und Füßen gehabt, eine Folge von »Frostschäden«, schreibt sie. Dazu »seelische Schäden« … Ja, ja, er war Bettnässer. Er konnte doch nichts dafür. Heimkinder sind häufig Bettnässer.

Woher Inge das eigentlich weiß? Hat sie mit der Stiefmutter darüber gesprochen? Als das Buch herauskam, war Eva Schäfer doch schon lange tot.

Warum hat Inge dieses Buch überhaupt geschrieben? Er weiß bis heute nicht, was sie damit erreichen wollte. Den Vater anklagen, weil er in der SS war? Oder umgekehrt – den Vater entschuldigen? Wen interessiert es denn heute noch, dass Johannes Schäfer ein Nazi mit Dreck am Stecken war?

Die Journalistin offenbar schon, sonst hätte sie Inges Buch ja nicht gelesen …

Inge! Inge wird der Journalistin erzählt haben, dass das Heim in Bad Polzin ein Lebensborn-Heim war. Er selbst hat das ja erst mit neunzehn erfahren, als er nach Süddeutschland gegangen ist. Lange her. Damals haben die Stiefeltern ihm einen Brief mitgegeben – zu einer Aussprache waren sie wohl zu feige. In dem Brief stand kurz und knapp, sie hätten ihn aus einem Lebensborn-Heim geholt. Das war alles. Kein Wort darüber, warum er in diesem Heim war und was Lebensborn bedeutet. Trotzdem war er so erschrocken, dass er den Brief sofort zerrissen und weggeworfen hat. Als hätte er nie existiert. Vergessen konnte er ihn allerdings nie.

Er rappelt sich hoch. Doch, eigentlich würde er gerne wissen, was damals geschehen ist, warum er im Heim war, in diesem Heim, und was mit seinen Eltern passiert ist. Vielleicht kann die Journalistin … Aber in die Zeitung will er nicht und ins Fernsehen erst recht nicht!

Er öffnet die Balkontür, atmet tief durch, macht ein paar Schritte nach draußen, schaut hinunter auf die Stadt. Wie immer hat er das Gefühl, als könnte er sich an die Hügel in seinem Rücken anlehnen. Die Luft ist mild. Es ist still, alle schlafen. Warum werden die Straßenlaternen nachts eigentlich nicht ausgeschaltet? Reine Verschwendung. Er holt sich eine Decke, wickelt sich ein, legt sich auf die Liege, schaut in den Himmel. Sind da Sterne? Dann schläft er ein.

Hoffentlich hast du dich nicht erkältet. Sonja guckt besorgt. Er ignoriert die Bemerkung, steht vom Frühstückstisch auf und holt sich Zettel und Stift. Sonja runzelt die Stirn. »Lebensborn-Heim«, schreibt er und trinkt einen Schluck vom dünnen Kaffee. Darunter setzt er »Bad Polzin« und »Entlassung nach Ostern 1944«. Schreibst du schon den Einkaufszettel?, fragt Sonja. Er reicht ihr das Blatt: Das ist das einzige, was ich sicher über die Zeit vor den Schäfers weiß. Ach, du bist schon wieder beim Thema, seufzt Sonja. Und was ist mit deinem Geburtsdatum und deinem Geburtsort? Sind die nicht sicher?

Doch, doch, nickt er. Das wird schon richtig sein. Obwohl er sich in den letzten Jahren immer wieder gefragt hat, ob die Informationen wirklich stimmen, die ihm die Stiefeltern mit auf den Weg gegeben haben. Warum hat er zum Beispiel keine Geburtsurkunde? Ein ordentliches Dokument mit Unterschrift und Stempel, mit Geburtsdatum und Geburtsort und mit den Namen seiner richtigen Eltern. Als junger Bursche hatte er nur einen Flüchtlingsausweis, das war alles. Und irgendwann war der Ausweis fort, verlegt, verloren, auf alle Fälle konnte er ihn nicht mehr finden.

Zum Glück hattest du nie Probleme ohne Geburtsurkunde, lacht Sonja. Bei unserer Hochzeit zum Beispiel. Und es kann doch sein, beschwichtigend legt sie ihre Hand auf seinen Arm, dass die Urkunde wirklich auf der Flucht verloren gegangen ist, wie Eva Schäfer gesagt hat. Er nickt. Dann fällt ihm ein, dass Inge und Uschi und Volker und Gero Geburtsurkunden haben. Die Dokumente ihrer richtigen Kinder hat Eva Schäfer auf der Flucht nicht verloren.

Jetzt steht er schon wieder auf. An ein ruhiges Frühstück ist wohl nicht zu denken, murmelt Sonja. Mach das doch später, versucht sie ihn zu bremsen. Aber er hat schon einen Ordner in der Hand, fischt zwei Blätter heraus, schiebt seinen Teller beiseite und liest vor:

> *Lebenslauf. Im Jahre 1939 am 11. August wurde ich in Dresden als Sohn des Friedrich B. und seiner Frau Maria, geborene G., geboren. Meine Mutter starb kurz danach, mein Vater fiel 1942 in Russland …*

Ich weiß, unterbricht ihn Sonja, das haben die Schäfers dir diktiert, als du aus der Schule gekommen bist. Genau, plötzlich ist er aufgeregt. Der Punkt ist doch, dass sich diese Angaben nicht belegen lassen. Das hat unser Notar schließlich festgestellt, als er vor fünfzehn Jahren in Dresden nachgefragt hat.

Damals wollten sie ihr Testament machen, und der Notar hatte sich gewundert, dass sie nur Sonjas Verwandtschaft als Erben eingesetzt hatten. Ob Klaus denn keine Angehörigen habe? Nein. Ob er nachgeforscht habe? Nein. Also hatte der

Notar in Dresden nach Unterlagen gefragt, über die Eltern Friedrich und Maria B. und ihr Kind Klaus. Aber die Antwort des Dresdner Standesamts war negativ ausgefallen. Klaus hat jetzt Blatt Nummer zwei vor sich, den Brief des Standesamts:

In Dresden wurden durch Kriegseinwirkungen fast alle Personenstandsbücher und Nebenakten vernichtet. Die Prüfung unserer noch vorhandenen Unterlagen aus den Jahren 1938 bis 13./14. Februar 1945 ergab, dass zu der genannten Person kein Personenstandseintrag mehr vorliegt.

Sonja nickt. 13./14. Februar 1945 – das war die große Bombennacht kurz vor Kriegsende. Klaus ist schon weiter:

Wir bitten Sie zu prüfen, ob die betreffende Person noch eine Geburtsurkunde und Eheurkunde der Eltern besitzt.

Sonja lacht laut heraus. Einmal im Kreis gedreht, spottet sie. Der Notar hat nach Urkunden gefragt und soll dazu genau diese Urkunden beibringen.

Sie hatten damals zwar nicht geglaubt, dass man in Dresden etwas finden würde. Aber enttäuscht waren sie trotzdem.

Einmal am Tag drehen Klaus und Sonja eine Runde. Am Waldrand entlang, ein Stück bergauf – dabei kommt er meistens außer Puste. Dann setzen sie sich auf eine Bank und schauen auf die Stadt. Sonja ist hier geboren, und er lebt seit gut fünfzig Jahren in R. Wenn er dann wieder bei Atem ist, beginnt der Redestrom von Neuem: Soll er in seine Geschichte einsteigen? Es wird nicht beim Thema Lebensborn-Heim bleiben, da sind sich die beiden einig. Wenn die Journalistin vorbeikommt, wie sie am Telefon vorgeschlagen hat, geht es erst richtig los. Hält er das aus, mit seinem kranken Herzen? Sie sind nicht belastbar, hat der Hausarzt erst vor wenigen Tagen wieder gesagt. Das weiß er selbst, und Sonja weiß es sowieso. Aber soll er sich deshalb in Watte packen? Er ist neugierig und ängstlich, gleichzeitig. Er hofft auf irgendetwas – und will sich nicht zu viele Hoffnungen machen. Lass sie kommen, die Journalistin, sagt Sonja plötzlich resolut. Dann werden wir sehen, ob du ihr vertrauen kannst. Er nickt. Gut.

Aber als die Journalistin ein paar Tage später anruft, zögert er doch wieder.

Sie habe in Süddeutschland zu tun und genügend Zeit, um ihn zu treffen, bietet sie an. Eigentlich könne er ihr nicht viel erzählen, gibt er zurück – jetzt hat er einen Dreh gefunden, um sie abzuhalten.

Aber die Journalistin lacht. Das sagten fast alle Lebensborn-Kinder, mit denen sie gesprochen habe. Und es stimme nie. Dann erzählt sie von ihren Recherchen, von den vielen Frauen und Männern, die sie schon interviewt hat … Er wisse doch sicher, was es mit dem Lebensborn auf sich hatte?

Ja, ja, bestätigt er, es ging um den »arischen« Nachwuchs. Er schaue regelmäßig die Sendungen von Guido Knopp.

Die Journalistin seufzt. Plötzlich wird ihr Ton eindringlich. Die wenigen Fakten über das Pflegekind Klaus, die seine Stiefschwester Ingeburg in ihrem Buch festgehalten habe, hätten sie alarmiert. Vor allem die Punkte Lebensborn-Heim, Bad Polzin, sein Alter und seine desolate Verfassung. In der Regel seien die Kinder, die in den Lebensborn-Heimen lebten, viel jünger gewesen und vor allem nicht in einem solchen Zustand. Sie vermute, dass er ein verschlepptes Kind ist. Vielleicht ein polnisches Kind. Viele von ihnen seien über das Lebensborn-Heim in Bad Polzin in deutsche Pflegefamilien vermittelt worden ... Das habe er sich auch schon überlegt, unterbricht er sie.

Was?, ruft die Journalistin aufgeregt. Wie er auf diese Idee gekommen sei?

Er bleibt ganz ruhig. Das wisse er nicht, das sei ein Gefühl. Und die Guido-Knopp-Filme hätten ihn darin bestärkt.

Beide schweigen. Er würde jetzt am liebsten den Hörer auflegen. Er hat sich zu weit vorgewagt.

Aber dann sollten Sie wirklich ..., setzt die Journalistin zögernd an.

Er unterbricht sie ein zweites Mal und sagt einfach: Okay. Von ihm aus könne sie recherchieren. Er sei jetzt so alt. Er wolle jetzt alles wissen. Aber deshalb brauche sie nicht bei ihm vorbeizukommen.

Schade, sagt die Journalistin leise. Sie hätte ihn gerne kennengelernt. Dann wird sie nüchtern: Sie könne nichts versprechen. Er müsse damit rechnen, dass die Recherche Wochen und Monate dauert. Und sie brauche seine Vollmacht, anders komme sie nicht in die Archive.

Sonja hat sich während des Telefonats unsichtbar gemacht. Jetzt steht sie da und schaut ihren Mann fragend an. Und, wann kommt sie? Alles in Ordnung, brummt er.

Sie braucht eine Vollmacht. Sonja geht aus dem Zimmer, draußen schüttelt sie den Kopf. Hatten sie nicht besprochen, dass die Journalistin kommen soll? Aber so ist er, ihr Klaus.

Als sie am nächsten Tag die Vollmacht zum Briefkasten bringen, fragt sie vorsichtig: Bist du jetzt erleichtert? Er zuckt mit den Schultern. Er weiß es nicht. Wenn die Journalistin etwas herausfindet? Wird er das aushalten? Und wenn sie nichts findet? Wird er das aushalten? Das ist die neue Mühle, die sich in seinem Kopf dreht. Tagsüber und nachts, wenn er nicht schlafen kann. Und plötzlich taucht in diesem Gedankenwirbel seine allererste Erinnerung auf, an die er lange nicht mehr gedacht hat.

Er steht auf einem Tisch – und um den Tisch herum stehen schwarze Männer. Das ist alles. Er kann sich nicht an Gefühle erinnern. Ob er Angst hatte, ob er aufgeregt war – oder neugierig. Er weiß nicht, ob die Männer geredet haben, was sie getan haben. Es ist, als betrachte er ein Foto. Aber er ist sicher, seine erste Erinnerung ist kein Foto. Er hat wirklich auf diesem Tisch gestanden. Und auch die schwarzen Männer waren wirklich da.

Sonja ist die Einzige, die von dieser Erinnerung weiß. Als er ihr vor vielen Jahren davon erzählt hat, musste sie zuerst lachen. Mit Geschichten vom »Schwarzen Mann« habe man ihr als Kind auch Angst einjagt. Aber dann hat sie verstanden, welchen Schatz ihr Mann ihr da anvertraut hat. Als er sie jetzt daran erinnert, sagt sie nur: Das musst du der Journalistin erzählen! Das geht nicht am Telefon, gibt er zurück. Eben, sagt Sonja. Deshalb wollte sie ja kommen.

Tausend offene Fragen: »Haben Sie Akten über Klaus B.?«

Dass eine Geschichte so beginnt, hat sie noch nicht erlebt. Dieses Zögern. Dieses Unentschiedene. Dieses Vertrösten. Er will keine Begegnung – aber wenn sie miteinander telefonieren, ist er offen, erzählt und ist kaum zu bremsen. Andere Lebensborn-Kinder, die keinen Kontakt wollten, haben einfach den Hörer aufgelegt oder auf Briefe nicht reagiert. Aber er lässt sich auf ihre Fragen ein. Ist das nicht eine Art Einverständnis?

Warum er wohl nie versucht hat, etwas über die Zeit herauszufinden, bevor er zu den Schäfers gekommen ist? Bisher wollten fast alle Lebensborn-Kinder, die sie kennt, irgendwann wissen, was mit ihnen früher passiert ist. Warum sie in einem dieser SS-Heime waren. Warum sie keine Geburtsurkunde besitzen. Warum die Erwachsenen sich in Schweigen gehüllt haben.

Also haben sie Behörden angeschrieben und Auskunft verlangt. Sind in Archive gegangen. Haben sich von Absagen oder Aktenbergen nicht abschrecken lassen. Ein Weg, für den sie einiges an Hartnäckigkeit, Zuversicht und Fantasie aufbringen mussten. Vom Geld, das die Recherchen gekostet haben, ganz abgesehen. Aber am Ende waren die dunklen Ecken ausgeleuchtet und die Geheimnisse entschlüsselt, mehr oder weniger.

Vielleicht wusste Klaus B. nicht, wie und wo er suchen sollte? Vielleicht hat er geahnt, welche Kraft eine solche Recherche kostet – und sich diese Kraft nicht zugetraut? Vielleicht hat er Angst vor der Unruhe, die damit in sein Leben kommt? Vielleicht hat er Angst vor der Wahrheit?

Oder hatte er einfach keinen Grund, an der Geschichte zu zweifeln, die man ihm über seine Herkunft erzählt hat? Denn irgendetwas werden die Schäfers ihm ja erzählt haben.

Und nun kommt sie und fängt an, nach der Wahrheit zu fragen. Versucht hartnäckig, ihn zu seinem Glück zu zwingen. Aber bedeuten Wissen und Wahrheit automatisch Glück? Vielleicht sind sie sein Unglück? Einmal vorausgesetzt, dass die Wahrheit ans Tageslicht kommt …

An den Internationalen Suchdienst/International Tracing Service (ITS) in Bad Arolsen
Sehr geehrte Damen und Herren,
mit der Bitte, in Ihrem Archiv nach Dokumenten über Klaus B. zu recherchieren, schicke ich Ihnen seine Daten und seine Vollmacht.
Geboren am 11. August 1939, Geburtsort: Dresden. Ich habe Zweifel, dass diese Angaben richtig sind.

Geburtsort Dresden ist garantiert falsch. Wer etwas vertuschen, verschleiern oder verfälschen will, ist mit Dresden auf der sicheren Seite. Bei diesem Stichwort denkt man doch sofort: Da ist im Februar 1945 alles verbrannt.

Seine Eltern sind angeblich beide früh gestorben, ihre Geburts- und Sterbedaten sind nicht bekannt.
Friedrich B. …

Ein Allerweltsname. Damals gab es sicher Hunderte, die so hießen. Ohne ein Geburtsdatum gibt es wahrscheinlich keine Chance, den Richtigen zu finden. Wenn es den Richtigen überhaupt gegeben hat.

Friedrich B. soll 1942 in Russland gefallen sein, weitere Angaben fehlen. Maria B., geborene G., soll kurz nach der Geburt gestorben sein.

Klaus B. kennt von seinen Eltern wirklich kein einziges Datum. Keine Geburtsdaten, keine Todesdaten, nichts.

Im April 1944, wenige Tage nach Ostern, wurde Klaus B. von einer Eva Schäfer aus dem Lebensborn-Heim in Bad Polzin abgeholt und als Pflegekind in die Familie aufgenommen. Ihr Ehemann hieß mit Vornamen Johannes. Er war NSDAP-, SA- und SS-Mitglied und hatte zeitweise den Rang eines SS-Brigadeführers. Die Familie wohnte 1944 in Köslin, Mühlentorstraße 39. Klaus B. ist bei ihr aufgewachsen, aber nie adoptiert worden. Ich vermute, dass er eine andere Identität hatte, bevor er zu Familie Schäfer gekommen ist. Er könnte eins der verschleppten Kinder aus Osteuropa sein.
Mit freundlichem Gruß …

Der Internationale Suchdienst (ITS) in Bad Arolsen hat über dreißig Millionen Dokumente aus der Kriegs- und Nachkriegszeit gesammelt und archiviert. Wenn darunter nichts über Klaus B. zu finden ist … Vorausgesetzt, die Vermutung stimmt: dass er als Kind gestohlen, gekidnappt, geraubt wurde. Irgendwo in einem osteuropäischen Land.

Die Stiefeltern – 1930–1944

Die Journalistin nimmt sich noch einmal das Buch von Ingeburg Schäfer vor, in dem sie auf Klaus B. gestoßen ist: »Mutter mochte Himmler nie. Die Geschichte einer SS-Familie«. Auf dem Cover ein Hochzeitsfoto. Johannes Schäfer in SA-Uniform, Eva Krieger als romantische Braut in langem Kleid, mit Schleier und weißem Nelkenstrauß. Untergehakt marschieren die beiden durch eine Gasse uniformierter junger Männer, die den Hitlergruß zeigen. Eine echte nationalsozialistische Hochzeit – im Jahre 1932!

Ja, Eva und Johannes Schäfer waren überzeugte Nationalsozialisten. Ihre Tochter redet in ihrem Buch nicht darum herum. Und Ingeburg Schäfer tut noch ein Übriges: Sie gräbt in der Familiengeschichte nach Wurzeln für diese Weltanschauung.

Eva Krieger und Johannes Schäfer kamen aus reaktionären, nationalistischen Elternhäusern. Beide Väter waren schon früh in die NSDAP eingetreten. Vater Schäfer, ein Postbeamter, gehörte außerdem einem Freikorps an, das mit Gewalt die Weimarer Republik unterminierte. Vater Krieger war als »Pfarrer im Braunhemd« bekannt, er propagierte offensiv nationalsozialistische Ziele und geriet dabei immer wieder mit dem Gesetz in Konflikt. Beide Väter prägten ihre

Familien, ihre Kinder. Und die Mütter? Klar ist nur, dass Eva Krieger ihre Mutter mit zehn Jahren verlor und kurz nach dem Auftauchen der Stiefmutter in ein Internat geschickt wurde.

Die junge Frau war neunzehn, als sie 1930 den acht Jahre älteren Johannes Schäfer kennenlernte, auf einem Gauparteitag der NSDAP in Chemnitz. Sie arbeitete damals bei der Gauleitung Sachsen, er war SA-Führer in Halle und wie Eva schon einige Jahre Mitglied der Nazi-Partei.

Johannes Schäfer hatte Drogerie-Kaufmann gelernt, aber er hasste seinen Beruf und träumte von einem Soldatenleben. Deshalb trat er dem Freikorps bei, in dem sein Vater aktiv war, und ging 1925 zur Heeresfachschule der Reichswehr, musste aber aus Geldmangel die Ausbildung zum Offizier abbrechen. Als ihm eine Führungsrolle in der SA angeboten wurde, hatte Schäfer seinen Traumjob gefunden. Damals wurde die SA zur paramilitärischen Organisation ausgebaut. Damit war Schäfer quasi Militär.

Eva Krieger hatte keine Berufsausbildung, arbeitete aber als eine Art politische Sekretärin in verschiedenen NS-Organisationen. Gleichzeitig engagierte sie sich (wie Schäfer) im völkischen Bund der Artamanen. Der propagierte eine Rückkehr zum »einfachen Landleben« und war strikt antipolnisch eingestellt. Schon damals arbeiteten viele Polen als Saisonarbeiter in der deutschen Landwirtschaft. Sie standen offenbar dem einfachen Landleben im Weg.

Im August 1932 heirateten die beiden Gleichgesinnten. Drei Monate später gewann Schäfer ein Reichstagsmandat für die NSDAP und blieb vier Jahre lang Abgeordneter. Sein

Hauptbetätigungsfeld war aber nach wie vor die paramilitärische Ausbildung der SA. Zuerst in Halle, dann in Wernigerode und Magdeburg. Nach dem Röhm-Putsch 1934 wurde Schäfer Mitglied der SS. Zuerst zog er nach Dresden, 1935 nach Frankfurt am Main. Dort war er Führer der 2. SS-Standarte und hatte damit etwa anderthalbtausend Mann unter sich. Eva übernahm bereitwillig die Rolle, die der Nationalsozialismus den Frauen verordnete. Sie folgte ihrem Mann von Stadt zu Stadt, hielt ihm den Rücken frei und bekam ihre ersten beiden Kinder, Ingeburg und Ursula.

In Frankfurt geriet Schäfer mit anderen SS-Führern aneinander. Man konkurrierte um Posten und Pfründe, aber offenbar ging es auch um so etwas wie Ehre und Ideale. Zusätzlich befeuerte Schäfers cholerisches Temperament die Auseinandersetzungen. Die Lösung lautete: Versetzung. 1936 kam Schäfer ins Berliner Hauptamt der Sicherheitsstaffel, von dort ging es weiter nach Königsberg. Anfang 1938 ernannte ihn Heinrich Himmler zum Standartenführer des 26. SS-Abschnitts in Danzig, der deutlich größer als der Frankfurter Abschnitt war. Im Sommer 1939 wurde ihm dann die gesamte Polizei und Hilfspolizei der Stadt unterstellt. Damit war Schäfer faktisch Polizeichef von Danzig – in einer Stadt, deren Konfliktpotenzial mit Händen zu greifen war: Seit dem Versailler Vertrag gehörte Danzig nicht mehr zum Deutschen Reich, sondern stand als »Freie Stadt« unter der Hoheit des Völkerbunds. Und sie lag mitten in Polen.

In Danzig hatte das Wanderleben der Familie vorerst ein Ende. Die Schäfers ließen sich nieder und führten ein großbürgerliches Leben, mit Ausflügen, Opernbesuchen, repräsentativen Einladungen. Doch hinter den glänzenden Kulissen war Schäfer mit den heimlichen Kriegsvorbereitungen des NS-Regimes gegen Polen beschäftigt.

Mittlerweile hat sich die Journalistin ein paar Geschichtsbücher herangeholt. Denn je mehr es um die große Politik und Johannes Schäfers Taten geht, desto vorsichtiger wird seine älteste Tochter Ingeburg. Häufig überlässt sie dann ihrem Vater und seinen legitimatorischen Lebenserinnerungen[2] aus der Nachkriegszeit das Wort. Dabei ist klar: War Schäfer vorher Agitator und Organisator, Lehrmeister und Scharfmacher, wurde er in Danzig zum Planer und Organisator einer Aggression, die den Zweiten Weltkrieg auslöste. Mit Tricks und Täuschungsmanövern wurden Waffen und Menschen in die Stadt geschleust, bis Danzig einem Heerlager glich. Es hieß, die Stadt müsse vor einem polnischen Angriff geschützt werden, tatsächlich ging es um die Zerschlagung der polnischen Institutionen, die der Völkerbund dort zugestanden hatte (zum Beispiel Bahn, Zoll, Post- und Telegrafenverwaltung) – und um den Angriffskrieg.

Im August 1939 verließen viele Polen die Stadt, Johannes Schäfer ließ Frau und Kinder ausfliegen – mittlerweile waren es drei, kurz zuvor war ein Sohn auf die Welt gekommen, Volker, der »Stammhalter«. In der Nacht zum 1. September 1939 gab Hitler den Angriffsbefehl gegen Polen. Frühmorgens wurde die Westerplatte beschossen, eine Halbinsel am Danziger Stadtrand, auf der ein großes polnisches Munitionsdepot untergebracht war. Ein weiteres Angriffsziel waren die polnischen Institutionen. Die Post wurde besonders heftig verteidigt, die letzten Beamten gaben erst auf, als die

Gebäude in Brand gesteckt worden waren. Wenige Tage später wurden sie als »Freischärler« zum Tode verurteilt und erschossen.

Johannes Schäfer trug die Verantwortung für die brutalen Einsätze. Drei Wochen später – der »Polenfeldzug« war noch nicht beendet – beförderte ihn Himmler höchstpersönlich zum SS-Brigadeführer. Mit dem vierthöchsten SS-Rang war Schäfer auf dem Gipfel seiner Karriere angekommen.

Wenig später wurde er nach Łodź versetzt, das zuerst in Lodsch und dann in Litzmannstadt umbenannt wurde. Die Familie blieb in Danzig, Eva hatte sich geweigert mitzugehen. Sie wollte nicht in einer besetzten polnischen Stadt leben – dabei hatte sie als junge Artamanin einmal von einer »Ostbesiedlung« geträumt und einer »Siedlungsmission« das Wort geredet. In Łodź übernahm Schäfer den Posten des Polizeipräsidenten. »Hier sollte nun Ordnung einziehen, so dass Deutsche dort leben und arbeiten konnten«[3], so beschrieb er seine Aufgabe in seinen Lebenserinnerungen. Tatsächlich hatte die deutsche Besetzung die Stadt ins Chaos gestürzt. Die polnische Administration war vertrieben. Mitglieder des Volksdeutschen Selbstschutzes (einer paramilitärischen Terrororganisation unter SS-Regie, getarnt als Organisation in Polen lebender Deutscher) spielten sich als neue Herren auf und übten Selbstjustiz. Dazu kam der Terror der Einsatzkommandos von SS und Gestapo, die gegen Juden, Intellektuelle, politische Gegner, Roma und Homosexuelle massiv vorgingen. In der Nachkriegszeit schilderte Schäfer das so:

Die Einsatzkommandos machten, was sie wollten. Sie beschlagnahmten Wohnungen, fingen Juden auf der Straße ein … jeder regierte und bereicherte sich u. U. auch.[4]

Dagegen setzte Polizeichef Schäfer »die Befriedung der Stadt und Bildung des Ghettos mit 250 000 Juden.«[5]

Tatsächlich begann Schäfer, eine neue Infrastruktur aufzubauen. Dazu stellte er sogar die polnischen Polizeibeamten wieder ein. Für Juden war allerdings in seiner deutschen Stadt kein Platz. Im Februar 1940 befahl er die Errichtung eines Ghettos – es war das erste in Polen – und seine hermetische Abriegelung. 100 000 Menschen wurden gezwungen, sofort ins Armenviertel der Stadt umzuziehen. Ihr altes Leben mussten sie zurücklassen – und nach Monaten voller Angst, Drangsalierung, Ausbeutung und Hunger wurden die meisten in die Vernichtungslager von Kulmhof, Majdanek, Auschwitz, Treblinka und Sobibor deportiert.

Aus der Nähe erlebte Schäfer die schreckliche Konsequenz seiner Befehle nicht mehr mit. Nach rund neun Monaten verlor er den Posten des Polizeipräsidenten von Łodź auf Anweisung Himmlers, wenig später auch die Führung des SS-Abschnitts, der ihm dort unterstellt war. Der Grund: Schäfer lag wieder im Clinch mit anderen SS-Führern, und wieder ging es vor allem um Macht, Privilegien und Pfründe. Diesmal warfen sich die »Herren« gegenseitig Bereicherung vor. Später erklärte Schäfer immer, alles bezahlt zu haben, was er in Litzmannstadt erworben habe.

In Stettin, seiner nächsten Station, übernahm Schäfer wie früher einen Ausbildungsposten, diesmal war es das vormilitärische Training der Hitlerjugend. Seinen Rang als SS-Brigadeführer behielt er vorerst – trotzdem markierte die Versetzung den Beginn seines Abstiegs. Zwei Jahre später wurde er nach Köslin versetzt. Auch diesmal steckten interne Auseinandersetzungen dahinter: Der Gauleiter von Pommern hatte sogar ein Parteigerichtsverfahren gegen Schäfer angestrengt, wegen Kompetenzüberschreitung.

Fazit: Johannes Schäfer missachtete Hierarchien, agierte eigenmächtig und eigensinnig, nahm kein Blatt vor den Mund und teilte aus. Damit störte er den Betrieb – die Antwort hieß: Versetzung.

Eva und die drei Kinder – mittlerweile neun, sieben und drei Jahre alt – folgten dem Familienvater in die pommersche Kleinstadt Köslin und bezogen eine Acht-Zimmer-Wohnung in einem eleganten Bürgerhaus. Allerdings blieb Schäfer nicht lange bei ihnen. Nach einem Verfahren wegen »parteischädigendem Verhalten« ging Himmler Anfang 1943 einen Schritt weiter, leitete ein SS- und Polizeigerichtsverfahren gegen Schäfer ein und sorgte dafür, dass er zur Waffen-SS eingezogen wurde. Dort bekam er den Rang eines Feldwebels – und war damit seinen »SS-Brigadeführer« los. Ein steiler Absturz für den knapp Vierzigjährigen.

Eva und die Kinder blieben in Köslin, während Schäfer nun in Stralsund Rekruten ausbildete. Anfang Mai 1943 wurde er an die Front vor Leningrad verlegt, am Monatsende landete er wegen Sumpffieber in einem Lazarett in Riga. Schließlich kam er zu einer Genesenden-Kompanie in

Holland. Unterdessen brachte Eva im Juli 1943 Gero zur Welt, ihr viertes Kind.

Gleichzeitig mit dem Baby trafen zwei weitere Personen im Kösliner Haushalt ein. Irmi, eine entfernte Verwandte, reiste als Pflichtjahrmädchen an. Und Großmutter Schäfer suchte im ruhigen Köslin Zuflucht, nachdem sie in Leipzig ausgebombt worden war. Irmi wurde für Eva eine zuverlässige Unterstützung, die Schwiegermutter allerdings zur permanenten Belastung.

Als wären vier kleine Kinder, die schwierige Versorgungslage und der Stress mit der Schwiegermutter nicht genug – die dreiunddreißigjährige Eva engagierte sich zusätzlich beim Roten Kreuz. Sie übernahm Büro- und Organisationsaufgaben, betreute Evakuierte und Flüchtlinge, gab Erste-Hilfe-Kurse. Und neun Monate nach Geros Geburt, am 11. oder 12. April 1944, fuhr sie nach Bad Polzin und holte ein Pflegekind in ihre Familie – laut Familienerzählung wollte sie immer fünf Kinder haben.

Er ist elternlos, im gleichen Alter wie Volker,
kommt also mit ihm zusammen zur Schule,
sieht nett aus, blond und blauäugig,
und hat sich schon gut bei uns eingelebt,

schrieb sie an ihren Vater und seine zweite Frau, ohne sie vorher in ihre Pläne eingeweiht zu haben. Hatte sie Angst vor Einwänden und Bedenken? Konnte sie nicht damit rechnen, dass ihrem Vater, dem Nazi-Pfarrer, der soziale Sinn seiner Tochter (Rettung eines Waisenkindes) und ihr ideologischer Blick (ein »rassereines« Lebensborn-Kind) gefallen würden?

Nach Nazi-Kategorien war Klaus ein Superkind. Er kam aus einem Lebensborn-Heim und sah aus wie aus dem »arischen« Bilderbuch. Und für die Schäfers war er gerade passend: Er war (angeblich) ein Waisenkind – Scherereien mit einer Mutter oder einem Vater waren also nicht zu erwarten. Er war genauso alt wie Volker – konnte also im Familienbetrieb mitlaufen. Dass er eine Heimkarriere hinter sich hatte, dass er Nacht für Nacht ins Bett machte und unter schweren Frostschäden litt – damit würde Eva schon fertig werden. Schließlich hatte der Junge seine Anpassungsfähigkeit in den ersten Familienwochen bereits unter Beweis gestellt. Er hatte sich ja schon »gut eingelebt«.

Was wusste Eva Schäfer über den Jungen? Was hatte man ihr im Lebensborn-Heim mitgeteilt, an Unterlagen mitgegeben? Und warum hatte sie sich ausgerechnet für Klaus entschieden – und nicht für ein anderes Kind? In der Schäfer-Familie wurde später erzählt, Klaus sei auf sie zugelaufen und habe »Mutti« gerufen, das habe den Ausschlag gegeben. Offenbar habe man ihm im Heim erzählt, seine Mutter käme und würde ihn abholen.

Eva Schäfer hat später nie über ihren Besuch im Lebensborn-Heim gesprochen. Warum nicht? Was wusste sie?

Eine Sensation: Klaus heißt eigentlich Cseslaus

Sie wartet. Obwohl sie weiß, dass mit einer Antwort aus dem Archiv in Arolsen nicht so schnell zu rechnen ist, wartet sie. Sie fühlt sich verantwortlich für diese Geschichte. Obwohl sie es nicht in der Hand hat, ob bei der Recherche etwas herauskommt. Wenn es keine Dokumente gibt, ist nichts zu machen. Mit Zeitzeugen kann sie nicht rechnen. Klaus B. und seine Stiefgeschwister waren zu klein, um sich zu erinnern, und die Menschen, die damals erwachsen waren und die Geschichte bewusst erlebt haben, sind schon lange tot.

Eine schmale Basis also – trotzdem hat sie die Recherche ins Rollen gebracht. Sie hat einfach das Gefühl: Es wird etwas dabei herauskommen. Das ist, das wird eine große Geschichte.

Eine Woche, nachdem sie ihre Anfrage abgeschickt hat, ruft der Internationale Suchdienst (ITS) an. Ein solches Tempo hat die Journalistin noch nicht erlebt. Nur eine Woche! Vor zwanzig Jahren war das Archiv für niemand zugänglich, man konnte nur schriftlich anfragen und musste dann Monate, manchmal Jahre auf eine Antwort warten. Dann wurde das Archiv zwar geöffnet, aber der Betrieb blieb schwerfällig. Dokumente kopieren? Nicht mehr als hundert Blatt! Schreiben Sie ab, was Sie brauchen, bekam die Journalistin damals zu hören. Ein Unding, wenn man weiß, dass auf einem Dokument alles wichtig sein kann, selbst das Diktatzeichen. Aber auch das ist mittlerweile Geschichte. Der Eindruck allerdings, der ITS sitze wie eine Glucke auf seinen dreißig Millionen Dokumenten, ist immer noch nicht ganz verschwunden.

Das alles geht ihr durch den Kopf – und so merkt sie zuerst gar nicht, dass ihr zwei Personen am Telefon gegenüber sitzen: Verena Neusüs von der Presseabteilung und Margret Schlenke, die Leiterin des Referats Suchdienst, die seit fünfundvierzig Jahren beim ITS arbeitet. Normalerweise strahlt Margret Schlenke eine stoische Ruhe aus, aber jetzt wirkt sie aufgeregt. Schließlich kann sie von einer kleinen Sensation berichten: Sie haben Klaus B. gefunden! Im ITS-Archiv existiert eine sogenannte Kinderakte mit seinem Namen, und darin liegt ein kleiner Stapel Dokumente. Drei seien besonders interessant, meint Margret Schlenke, und beginnt zu erklären. Die Journalistin hört so gebannt zu, dass sie sich nur ein paar kurze Notizen macht. Später schreibt sie ein ausführliches Gesprächsprotokoll.

Margret Schlenke: Wir haben hier eine Karteikarte von 1944 vorliegen, vom Berliner Verein Krankenversicherung A.G. Ausgestellt auf den Namen Klaus B.
Journalistin: Ein Versicherungsnachweis?
Margret Schlenke: Eine Karte aus der Registratur der Versicherung, vermute ich. Danach war ein Klaus B. knapp neun

Monate beim Berliner Verein versichert, vom 17. Februar bis zum 1. November 1944. Wir kennen diese Versicherung, der Lebensborn hatte bei ihr eine Gruppenversicherung für die Kinder abgeschlossen.

Journalistin: Eine Bestätigung also für die Verbindung zum Lebensborn!

Margret Schlenke: Ja. Auf der Karte ist weiter vermerkt, dass Klaus B. in Bad Polzin war und an Johannes Schäfer vermittelt wurde, nach Köslin, Mühlentorstraße 39. Das stimmt mit den Angaben überein, die Sie uns geschickt haben. Was nicht stimmt, ist das Geburtsdatum.

Journalistin: Nicht der 11. August 1939?

Margret Schlenke: Hier steht 11. Juni 1938.

Journalistin: Das ist ja ein Unterschied von vierzehn Monaten. Ist das vielleicht ein Schreibfehler?

Margret Schlenke: Kann ich nicht sagen. Jetzt das Wichtigste. Oben rechts auf der Karte steht eine Kennnummer, und zwar »OK – 41«. Wir wissen, dass OK »Ost-Kind« bedeutet. Klaus B. war bei dieser Versicherung als 41. Ost-Kind versichert.

Journalistin: Er kommt also wirklich aus dem Osten? Und nicht aus Dresden? Das heißt, er ist ein verschlepptes Kind?

Margret Schlenke: Langsam! Wir haben ein zweites Dokument, das stammt von der IRO, der International Refugee Organization, das war die …

Journalistin: … internationale Flüchtlingsorganisation der UNO, ich weiß.

Margret Schlenke: In diesem IRO-Dokument wird ein Brief des Lebensborn an den Berliner Verein erwähnt, in dem es um Arztkosten für einen Klaus B. geht. Dieser Brief ist aber nicht vorhanden, jedenfalls liegt er nicht in der Kinderakte. Aber die IRO hat daraus zwei Namen abgeschrieben, und sagt dazu – jetzt geht es englisch weiter:

> *The former name of Klaus B. was Cseslaus B […] Even though the boy's real name has been misspelled – here is no doubt, that B […] (this spelling is the only correct) is identical with (Klaus) B. […]*

Journalistin: Das war jetzt zu schnell. Geht es um zwei verschiedene Schreibweisen oder um zwei verschiedene Namen? Können Sie mir das Dokument nicht rasch mailen?
Margret Schlenke: Es geht um einen Schreibfehler des Nachnamens, aber vor allem um zwei verschiedene Namen. Klaus B. hieß früher – so steht es hier – Cseslaus B. Die Sache mit der richtigen Schreibweise vergessen Sie erst einmal.
Journalistin: Und wie schreibt man diesen Namen nun? Das ist doch ein polnischer Name, oder?
Margret Schlenke: C – S – E – S – L – A – U – S, das ist der Vorname, und dann B. …
Journalistin: Cseslaus B. … Klar, die verschleppten Kinder bekamen andere Namen, deutsche Namen! Dann hieß Klaus B. also eigentlich oder ursprünglich Cseslaus B.?
Margret Schlenke: So verstehe ich das. Danach wäre Klaus B. polnischer Abstammung. Das Problem ist nur: Der hundertprozentige Beleg fehlt. Der Brief des Lebensborn an den Berliner Verein, in dem diese beiden Namen gestanden haben, den haben wir nicht.

Journalistin: Die IRO wird den polnischen Namen ja nicht erfunden haben!
Margret Schlenke: Sicher nicht. Aber an irgendeiner Stelle kann ein Fehler passiert sein, das kann man nicht ausschließen. Da notiert zum Beispiel jemand beim Telefonieren schnell einen Namen auf dem Rand eines anderen Schriftstücks. Und dann wird das zusammengepackt, später abgeschrieben ... Das kann alles passieren. Aber warten Sie. Ich habe noch ein drittes Dokument.
Dieser Cseslaus ist nach dem Krieg gesucht worden, von seinem Vater, einem Jan B. ... Tut mir leid, ich kann den polnischen Namen nicht aussprechen. In diesem Dokument wird übrigens der Vorname des Jungen anders geschrieben, nicht Cseslaus, sondern Czesław, das l mit Schrägstrich, das wie w ausgesprochen wird.
Journalistin: Er wurde von seinem polnischen Vater gesucht?
Margret Schlenke: Ja. Der hat sich damals an das Polnische Rote Kreuz gewandt. Und weil man davon ausgegangen ist, dass der Junge nicht mehr in Polen ist, wurde der ITS, also der Internationale Suchdienst, eingeschaltet. Deshalb haben wir den Suchantrag hier in unseren Akten.
Journalistin: Dann hat Klaus B. also recht. Er hat ja vermutet, dass er nicht aus Dresden kommt. Wenn er das erfährt!
Margret Schlenke: Davon würde ich abraten. Es ist zu früh, ihn jetzt schon zu informieren. Wir müssen zuerst unsere Recherchen noch abschließen. Und dann wollen wir das Polnische Rote Kreuz bitten, nach der Familie zu suchen, die damals den Antrag gestellt hat. Der Vater ist sicher tot. Aber vielleicht gibt es andere Verwandte.

Journalistin: Und Klaus B. soll nicht erfahren, was Sie gefunden haben? Das geht doch nicht!
Margret Schlenke: Ich finde das auch schwierig. Zumal wir hier das Polnische Rote Kreuz gar nicht mit der Suche beauftragen können, das muss Klaus B. selbst machen. Dafür gibt es einen Fragebogen, und er sollte auch Fotos einschicken.
Journalistin: Wie soll ich ihm das denn erklären? Er soll einen Antrag stellen, damit man seine polnische Familie sucht, aber nicht erfahren, was Sie herausgefunden haben? Das ist doch absurd. Und unfair. Sie haben neue Informationen über seine Herkunft, ich habe sie – und er als Betroffener erfährt nichts davon?
Margret Schlenke: Wir wollen nur verhindern, dass er enttäuscht wird. Es wäre doch schrecklich, wenn wir zuerst große Hoffnungen wecken und am Ende nicht genügend Substanz vorhanden ist. Wir haben das alles schon erlebt. Nein, die Sache muss hundertfünfzigprozentig sicher sein, bevor wir sie herausgeben. Zumal es das erste Mal wäre, dass wir die Identität eines verschleppten Kindes nachweisen könnten. Der ITS arbeitet bald siebzig Jahre – aber ein solcher Nachweis ist noch nie gelungen.
Journalistin: Dann ist das für Sie ja eine echte Sensation. Aber für Klaus B. ist es erst recht eine Sensation! Ich finde, die Sache ist hundertprozentig klar. Schicken Sie ihm die Kinderakte. Es ist doch seine Akte.
Margret Schlenke: Das geht gar nicht. Das geht wirklich nicht. Aber Sie haben Recht. Machen wir es so: Sie erklären ihm, was ich Ihnen erklärt habe. Dass er ein Ost-Kind ist. Dass es ein Dokument gibt, in dem er zwei Namen hat, einen

deutschen und einen polnischen. Und dass das Kind mit dem polnischen Namen nach dem Krieg gesucht wurde. Ach ja, und dass wir eine Anfrage nach Polen schicken wollen.
Journalistin: Und mir schicken Sie die drei Dokumente. Anders kann ich ihm die ganze Geschichte nicht erklären.
Verena Neusüs: Das mache ich sofort.

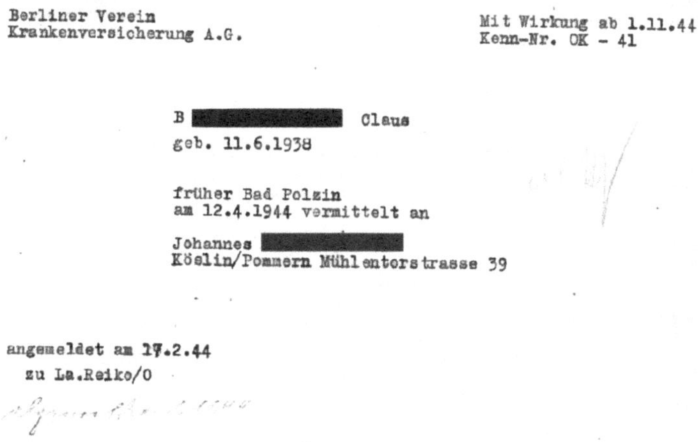

Berliner Verein
Krankenversicherung A.G.

Mit Wirkung ab 1.11.44
Kenn-Nr. OK - 41

B [redacted] Claus
geb. 11.6.1938

früher Bad Polzin
am 12.4.1944 vermittelt an

Johannes [redacted]
Köslin/Pommern Mühlentorstrasse 39

angemeldet am 17.2.44
zu La.Reiko/O

Die Karteikarte der Krankenversicherung Berliner Verein, auf der Klaus B. als Ost-Kind gekennzeichnet war

Nach dem Gespräch läuft die Journalistin herum, holt sich einen Kaffee, würde am liebsten eine Zigarette rauchen. Es gibt Dokumente! Ihr Gefühl hat sie nicht getäuscht – und Klaus B. hat es auch geahnt. Er ist ein polnisches Kind. Ein Kind, das verschleppt wurde und dem man eine andere Identität übergestülpt hat!

Immer wieder checkt sie ihre E-Mails. Nichts. Macht der ITS einen Rückzieher? Mit ihrer schnellen Zusage hat die

Pressefrau die Archivarin ein bisschen überrumpelt. Endlich. Eine E-Mail mit Anhang. Leider nur ein Dokument, nicht alle drei.

Die Krankenkassen-Karte von 1944. Danach ist Klaus B. ein Jahr und zwei Monate älter als bisher angenommen. Jetzt hat er nicht nur zwei Namen, sondern auch noch zwei Geburtsdaten. Fragt sich, welches richtig ist.

»Klaus« ist auf der Karte mit C geschrieben, »Claus«. Wie Czesław! Ja, so haben sie das gemacht, wenn sie den verschleppten Kindern deutsche Namen gegeben haben. Die Anfangsbuchstaben sind meistens geblieben, und der ursprüngliche Name wurde übersetzt, wenn das möglich war. Zu Czesław gibt es Varianten, sagt Wikipedia. »Ceslaus, Česlav, Časlav …« Und bei Cseslaus, wie er in einem Dokument genannt wird, muss man nur drei Buchstaben weglassen und hat Claus. Es ist derselbe Name! Wenn das nicht ein weiterer Beleg ist.

Polen unter deutscher Besatzung: Mord, Vertreibung, Kinderraub

Warum hat man Kinder wie Klaus alias Czesław während des Krieges verschleppt? Warum sind sie aus Polen nach Deutschland verfrachtet worden? Die Journalistin schlägt nach, stellt Informationen zusammen, macht sich an die Lektüre von Standardwerken. Und muss feststellen, dass sie bisher nur eine vage Vorstellung davon hatte, was die NS-Herrschaft für die polnische Bevölkerung insgesamt bedeutet hat.

Nach dem Einmarsch der Wehrmacht und der Besetzung des Landes zerschlugen die neuen Machthaber den polnischen Staat mitsamt seinen Strukturen. Politiker und Militärs, Juristen, Kleriker und Wissenschaftler – pauschal als Gegner klassifiziert – wurden fortgejagt, verfolgt, ermordet. Im Oktober 1939 teilten die deutschen Besatzer das Land in zwei Teile (einen weiteren, östlichen Teil Polens hatte sich die Sowjetunion mittlerweile einverleibt). Im Osten ihres Machtbereichs richteten sie ein »Generalgouvernement für die besetzten polnischen Gebiete« ein – unter der Herrschaft von Hans Frank galt es als annektiertes »Nebenland«. Der westliche Teil Polens, die Region um Posen, Danzig/Westpreußen und Teile Schlesiens wurden dagegen dem Deutschen Reich eingegliedert.

In beiden Teilen baute die Besatzungsmacht neue Strukturen auf, mit eigenen Leuten, meist überzeugten Nationalsozialisten: NSDAP- und SS-Mitgliedern, Angehörigen des Sicherheitsdienstes (SD) und der Polizei, Mitarbeitern des Reichssicherheitshauptamtes (RSHA), des Rasse- und Siedlungshauptamtes (RuSHA) und verschiedener Ministerien. Neben dieser neuen Klasse kamen andere nach oben – polnische Staatsbürger mit deutschen Wurzeln, sogenannte Volksdeutsche. Besonders die Männer, die zum paramilitärischen Volksdeutschen Selbstschutz gehörten, fühlten sich als neue Herren und agierten genauso rabiat und mörderisch wie die SS, deren Führung sie unterstanden. Im neu geschaffenen Warthegau, den Regionen um Poznań/Posen, Łódź und Inowrocław/Hohensalza, galten 309 000 Menschen als volksdeutsch. Neben knapp vier Millionen Polen, darunter 323 000 Juden.

Die neuen Machthaber schalteten aber nicht nur Gegner oder vermeintliche Gegner aus. Sie nahmen die gesamte polnische Bevölkerung ins Visier. Mitte Oktober 1939 kündigte Hitler einen »harten Volkstumskampf« an, um »das alte und neue Reichsgebiet zu säubern von Juden, Polacken und Gesindel«.[6] Und Heinrich Himmler, Reichsführer SS, umriss zwei Monate später in Łódź/Litzmannstadt (Johannes Schäfer war dort gerade Polizeipräsident) seine hochgesteckten Ziele mit dem schlichten Satz: »Ich möchte hier eine blonde Provinz schaffen.«[7] Das Instrument dazu war eine radikale Rassenpolitik.

Obwohl sie die polnische Bevölkerung generell als »rassisch minderwertig« betrachteten, gingen die Nationalsozialisten davon aus, dass auch im »Völkerbrei des Ostens«[8] (O-Ton Heinrich Himmler) »gutes Blut«[9] vorhanden sei. Dabei hatte man nicht nur die Volksdeutschen im Blick, die oft seit Generationen auf polnischem Staatsgebiet lebten. Auch unter der genuin polnischen Bevölkerung glaubten sie »rassisch hochwertige« Frauen und Männer ausmachen zu können. Und so entwarfen sie ein gigantisches Projekt: Alle Bewohner der nun zum Deutschen Reich gehörenden Gebiete – also Warthegau, die ehemals polnischen Teile Schlesiens und Danzig/Westpreußen – sollten ausnahmslos »rassisch« einsortiert werden. Bei den jeweiligen Gauleitern stieß das Vorhaben auf Widerstand, erst 1942 kam es im Warthegau in Gang, der damit eine Vorreiterrolle übernahm.

Als Klassifizierungsraster diente die »Deutsche Volksliste«. In diese Liste konnten, sollten, mussten sich alle eintragen, die deutsche Wurzeln hatten, sich auf die eine oder andere Weise deutsch fühlten oder sich von einem Eintrag in die Liste Vorteile versprachen.

Wer nicht durch Sprache und Abstammungsnachweis als »unzweifelhaft deutsch« galt, musste sich einer ausführlichen (Rassen-)Untersuchung unterziehen. Danach folgte eine Zuordnung zu einer von vier Gruppen. Wie absurd und willkürlich sie definiert waren, zeigt die Zusammenfassung des Historikers Peter Oliver Loew.

Während in die Gruppen 1 und 2 unzweifelhafte Deutsche aufgenommen wurden (das waren Menschen, die

> *»aktiv für das Deutschtum eingetreten« waren bzw. »das Deutschtum bewahrt« hatten, DSK), sollte Gruppe 3 diejenigen Menschen umfassen, die »im Laufe der Jahre Bindungen zum Polentum eingegangen« waren und bei denen Chancen bestanden, sie zu »vollwertigen Mitgliedern der deutschen Volksgemeinschaft« umzuerziehen. Diese Gruppe war bei Weitem die größte. In Gruppe 4 kamen »aktiv verpolte Deutschstämmige« bzw. »polonisierte Deutsche«, die »politisch im Polentum aufgegangen« waren. Keine Chance auf die Volksliste hatten – zumindest theoretisch – Menschen, die sich aktiv zu ihrem Polentum bekannt hatten.*[10]

Keine Chance hatten auch alle Juden, unabhängig davon, ob sie religiös waren oder nicht, sich selbst als Juden verstanden oder nicht.

Bis Kriegsende wurden (in den eingegliederten Gebieten) fast eine Million polnische Staatsbürger in die ersten beiden Gruppen eingetragen, sie galten damit als »unzweifelhaft deutsch«. In den Gruppen drei und vier landeten etwa doppelt so viele, nämlich 1,9 Millionen.

Mit der Zugehörigkeit zu einer der vier Gruppen waren unterschiedliche Privilegien verbunden. Angehörige der Gruppe eins bekamen zum Beispiel eine höhere Lebensmittelzuteilung oder die »Reichsbürgerschaft«, eine Art deutscher Staatsbürgerschaft zweiter Klasse. Menschen aus der Gruppe drei sollten dagegen nach Deutschland »umgesiedelt« werden, um sie dort zu »echten Deutschen« zu erziehen. Das wären weitere billige Arbeitskräfte gewesen, neben den zwei bis drei Millionen polnischen Zwangsarbeitern, die in Deutschland schuften mussten. Aber der Plan blieb kriegsbedingt auf dem Papier.

Alles in allem ein Projekt, das die polnische Bevölkerung auseinanderdividieren und ihre sozialen Strukturen zerstören sollte. Und das gleichzeitig als Instrument für ihre weitere Ausbeutung diente. Menschen mit dem Stempel »minderwertig« – und das war der größte Teil der Bevölkerung – konnten ohne Weiteres von ihrem Besitz vertrieben werden. Von einem Tag auf den anderen mussten diese Frauen, Männer und Kinder ihre Häuser und Wohnungen, ihre Bauernhöfe und Werkstätten verlassen. Ein Teil wurde nach Ostpolen, ins Generalgouvernement deportiert und dort einfach seinem Schicksal überlassen. Die anderen versuchten, bei Verwandten unterzukommen oder sich in der alten Heimat durchzuschlagen. In ihre Häuser und Betriebe zogen wenige Stunden, nachdem sie sie verlassen mussten, »Umsiedler« ein, Volksdeutsche aus dem Baltikum und aus Südosteuropa. Menschen, die auch nicht immer freiwillig »heim ins Reich« geholt worden waren.

Aus dem Warthegau, von seinem Reichsstatthalter und Gauleiter Arthur Greiser zum »Exerzierplatz des praktischen Nationalsozialismus« erklärt, wurden auf diese Weise rund 630 000 Menschen vertrieben – das war etwa ein Fünftel der polnischen Bevölkerung. Auch Juden wurden im großen Stil enteignet und deportiert. 1943 errechnete das Bodenamt Posen, dass neunzig Prozent der landwirtschaftlichen Fläche und der Betriebe beschlagnahmt seien, die einmal Polen gehört hatten, die jüdischen eingeschlossen.

Polen unter deutscher Besatzung

In diesem Kontext von Diskriminierung, Entrechtung und Enteignung, von Gewalt, Terror und Mord auf der einen und »sauberer« Bürokratie auf der anderen Seite stand die Verschleppung der polnischen Kinder. Auch dabei ging es um »Rassenpolitik« – aber mit den Mädchen und Jungen, die in die Hände der Nationalsozialisten gerieten, hatte man etwas anderes vor. Darüber arbeitet die Journalistin schon lange, hier kann und muss sie ausholen. Denn für die Geschichte von Klaus alias Czesław B. könnte jedes Detail wichtig sein:

Heinrich Himmler, der oberste »Rassenspezialist«, propagierte das Vorhaben, ohne ein Blatt vor den Mund zu nehmen. Man werde Kinder »guten Blutes« im Osten aus ihrer Umgebung herausholen, notfalls »rauben und stehlen« und nach Deutschland bringen. In einer Rede vor Befehlshabern der Wehrmacht in Bad Schachen erklärte er am 14. Oktober 1943:

> *Etwas ist ganz klar, es wird in diesen gemischten Völkern immer wieder einige rassisch sehr gute Typen geben. Hier haben wir, glaube ich, eine Aufgabe, die Kinder von denen zu uns zu nehmen, sie aus der Umgebung rauszutun, und wenn wir sie rauben müssten und stehlen müssten.*[11]

In seiner Posener Geheimrede vor SS-Gruppenführern hatte er denselben Gedanken schon zehn Tage vorher geäußert.

> *Wie es den Russen geht, wie es den Tschechen geht, ist mir total gleichgültig. Das, was in den Völkern an gutem Blut unserer Art vorhanden ist, werden wir uns holen, indem wir ihnen, wenn notwendig, die Kinder rauben und sie bei uns großziehen.*[12]

Eine »Blutzufuhr« für den deutschen »Volkskörper«, der durch den Krieg geschwächt wurde und »rassisch« als durchaus verbesserungsbedürftig galt, und ein Aderlass (um im

Bild zu bleiben) für die »Völker des Ostens«. Denn die »nordisch bestimmten« Kinder seien – so die Himmlersche Rassenlogik – die besten ihres Volkes und daher prädestiniert, einmal die künftige Führungsschicht zu bilden und zu Feinden Deutschlands heranzuwachsen.

Bereits 1940 entwickelten seine selbsternannten »Rassenspezialisten«, allen voran Mitarbeiter des Rasse- und Siedlungshauptamts SS (RuSHA) und des Reichskommissars für die Festigung des deutschen Volkstums (RKF), Pläne für ein Kinderraub-Programm im Raum Łódź/Litzmannstadt. Ein Jahr später skizzierte Himmler das Projekt detaillierter:

> *Ich halte es für richtig, wenn besonders gutrassische kleine Kinder polnischer Familien zusammengeholt und von uns in besonderen, nicht zu großen Kinderhorten und Kinderheimen erzogen werden. Das Wegholen der Kinder müsste mit gesundheitlicher Gefährdung begründet werden […] Von den Kindern, die sich als einigermaßen gut herausstellen, wäre nach einem halben Jahr Ahnentafel und Abstammung einzuholen, nach insgesamt einem Jahr ist daran zu denken, solche Kinder als Erziehungskinder in kinderlose gutrassische Familien zu geben.*[13]

Im Februar 1942 gab dann die Dienststelle des Reichskommissars für die Festigung des deutschen Volkstums – ihr oberster Chef war niemand anderer als Heinrich Himmler – eine Anordnung (67/I) heraus, die den Ablauf Schritt für Schritt festlegte:

Zunächst werden alle Kinder, die sich in ehedem polnischen Waisenhäusern befinden, durchschleust [sic!] und untergebracht. Nach Abschluß dieser Aktion werden Kinder, die bei polnischen Pflegeeltern leben, überprüft. Um jede Beunruhigung der polnischen Pflegeeltern zu vermeiden, ist bei dieser Überprüfung den polnischen Pflegeeltern gegenüber tunlichst zum Ausdruck zu bringen, dass die Kinder auf Schulfreiplätzen bzw. in Erholungsheimen untergebracht werden.[14]

Als erste kamen also die Waisenkinder an die Reihe, dann die Mädchen und Jungen, die bei Pflegeeltern lebten. Als nächste nahmen Himmlers »Rassenspezialisten« Kinder von Alleinerziehenden und aus polnisch-deutschen Mischehen in den Fokus, außerdem Kinder von Zwangsarbeitern und Zwangsarbeiterinnen, von Frauen und Männern, die zum Widerstand gehörten oder die sich einfach weigerten, die Deutsche Volksliste zu unterzeichnen.

Der Zugriff auf Waisenkinder war vergleichsweise leicht, da niemand sie schützte. Außerdem behaupteten die »Rassenspezialisten«, die Kinder seien eigentlich deutsch und in den Heimen zwangsweise polonisiert worden. Bei Pflegeeltern rechnete man mit Schwierigkeiten, wenn man ihnen die Kinder fortnahm, daher die Empfehlung, ihnen etwas vorzutäuschen. Und bei alleinerziehenden Müttern oder Verwandten, die Kinder in ihrer Obhut hatten, musste erst recht mit Widerstand gerechnet werden. Aber das konnte das Projekt nicht aufhalten. Bereits einen Monat, nachdem die Anordnung 67/I erschienen war, wurden die ersten siebenundzwanzig Mädchen und Jungen in das Gaukinderheim in Bruckau (heute Borek Wielkopolski) gebracht, das etwa siebzig Kilometer südlich von Posen/Poznan liegt.

Bei der »Schleusung« der Kinder, wie ihre Musterung genannt wurde, arbeiteten staatliche Behörden und SS-Organisationen Hand in Hand. Als erste wurden die Jugendämter aktiv, denn dort waren die Kinder registriert. Sie informierten die »Spezialisten« des Rasse- und Siedlungshauptamtes SS (RuSHA) und schickten den Kindern eine Aufforderung, im Jugendamt zu erscheinen. Dort begannen die »Rassenprüfungen« durch das RuSHA. Dabei wurden einundzwanzig Merkmale registriert, unter anderem Statur, Gewicht, Körperbau, Schädelform, Gesichtsbreite, Größe und Stellung der Augen, Augen- und Haarfarbe, Dichte des Haars. Eine »Rassenkarte« hielt das Ergebnis, das »rassische Erscheinungsbild«, fest, dazu kam ein Foto. Die Kinder, denen man den Stempel »eindeutschungsfähig« verpasst hatte, mussten als nächstes eine medizinische Untersuchung im Gesundheitsamt über sich ergehen lassen. Unter anderem wurden sie auf Tuberkulose und Geschlechtskrankheiten getestet. Bei negativem Befund brachte man die Mädchen und Jungen in ein Sammellager in Litzmannstadt – nach Hause oder ins Waisenhaus durften sie also nicht mehr zurückkehren. Wenig später verfrachtete man sie in ein Gaukinderheim, anfangs nach Bruckau oder Puschkau/Puszcyków o (zwanzig Kilometer südlich von Posen/Poznan), später nach Kalisch/Kalisz, das etwa in der Mitte zwischen Posen/Poznan und Litzmannstadt/Łódź liegt. In diesen »Assimilierungsheimen« standen weitere Überprüfungen an. Die Kinder wurden psychologisch begutachtet, die Heimleitung verfasste eine Charakterbeurteilung und einen Erziehungsbericht. Für diejenigen, die all das be- und überstanden hatten, ging es weiter ins Deutsche Reich. Die »Besten« kamen in ein Lebensborn-Heim, die Zwei- bis Sechsjährigen nach Bad Polzin, die älteren ins österreichische Oberweis. Die anderen Kinder brachte man in »Deutschen Heimschulen« unter, Internaten für Mädchen bzw. Jungen über zehn, die dort eine paramilitärische Eliteerziehung bekamen. Die letzte Station der polnischen Kinder waren Pflegefamilien, für die Lebensborn-Kinder sollten dies möglichst SS-Familien sein. Aber die älteren Jungen und Mädchen wurden oft nicht vermittelt – und SS-Familien rissen sich nicht um diese Kinder.

Musste Klaus alias Czeław B. all diese Untersuchungen über sich ergehen lassen? Als vier- oder fünfjähriger Junge? Wurde er wie die anderen von einer Station zur anderen, von einem Heim ins andere verfrachtet? Lässt sich aus seinem Fundort, dem Lebensborn-Heim in Bad Polzin, ableiten, dass er in den Augen der »Rassenspezialisten« zu den »Besten« gehörte, sie ihm also einen hohen »rassischen« Wert attestiert hatten? Seine Pflegefamilie, die Schäfers, könnte ein weiteres Indiz dafür sein. Wenn sich all das bestätigen würde, bleibt die große Frage: Wie geriet der Junge überhaupt in die Mühle des rassistischen Ausleseprogramms? Und was hat er dort erlebt und erlitten?

Die endlose Musterung der Kinder war nur ein Teil der Tortur. Dazu kam eine rabiate Umerziehung. So oft sich die Journalistin mit der »Germanisierung« der polnischen Kinder befasst, dieser Gewaltakt geht ihr immer wieder an die Nieren.

Sobald die Mädchen und Jungen aus ihrem Zuhause herausgerissen und in einem Heim gelandet waren, wurden sie gezwungen, deutsch zu sprechen, obwohl sie es nicht konnten. Wer es wagte, die Muttersprache zu gebrauchen, musste harte Strafen einstecken. Damit waren die Mädchen und Jungen erst einmal sprach-los. Als nächstes wurden ihre polnischen Vor- und Nachnamen schrittweise eliminiert, denn auch die Namen sollten deutsch werden. An dieser Aktion waren alle beteiligt: die Prüfer des Rasse- und Siedlungshauptamtes, die Angestellten des Gaukinderheims, die polnische Namen ausradierten oder mit Rotstift überschrieben, die Lebensborn-Mitarbeiter. Manchmal wurden die polnischen Namen übersetzt, dann wieder willkürlich neue Namen vergeben. Alles Maßnahmen, um die polnische Identität der Kinder zu zerstören und ihre Herkunft unkenntlich zu machen.

Stattdessen wurden sie nun als »bindungslos« ausgegeben, als »volksdeutsche Waisenkinder« aus den »wiedergewonnenen Ostgebieten«. Häufig dichtete man ihnen auch einen gefallenen deutschen Soldatenvater an.

Mit der Einlieferung in ein Heim waren die Kinder für die Angehörigen verschwunden. Sie erfuhren weder, wo die Mädchen und Jungen waren, noch was mit ihnen geschah. Einigen Eltern oder Pflegefamilien gelang es trotzdem, ihr Kind ausfindig zu machen, sie wollten es besuchen oder verlangten es sogar zurück. In Ausnahmefällen hatten sie Erfolg, in der Regel wurde ihnen mit Sanktionen gedroht – und in der Folge verstärkten die Institutionen die Geheimhaltung der Namen und der Aufenthaltsorte. Selbst diejenigen Kinder, die im Laufe der Musterung durch das Rasse-Raster gefallen waren, durften nicht an den Ort zurückkehren, an dem sie zuvor gelebt hatten. Pflegekinder landeten nicht in ihrer Familie, sondern in einem Heim, einige Mädchen und Jungen wurden in ein Erziehungslager gesteckt. Bei einigen ist dokumentiert, dass sie »einer Sonderbehandlung zugeführt werden sollen« – was nichts anderes bedeutet, als dass sie ermordet werden sollten. Und viele verschwanden einfach, und niemand weiß, wo sie geblieben sind. Bis heute ist nicht geklärt, wie viele Kinder während des Zweiten Weltkriegs aus Polen verschleppt und nach Deutschland verfrachtet wurden. Die Zahlen bewegen sich zwischen 200 000 – diese Angaben stammen von offizieller polnischer Seite – und 350 Kindern, die in Lebensborn-Heimen untergebracht worden seien. Beide Zahlen gelten mittlerweile als deutlich zu hoch bzw. zu niedrig. Nach Prüfung aller vorhandenen Quellen geht die Historikerin Isabel Heinemann von 20 000 verschleppten Mädchen und Jungen aus. Bis heute ist dies die belastbarste Zahl. Damit bleibt Polen trotz allem dasjenige Land, das die meisten Kinder an das NS-Germanisierungsprogramm verloren hat. Bekannt sind Kinderraub und Kinderverschleppung nach Deutschland nämlich auch aus Slowenien und der Tschechoslowakei, wo Mädchen und Jungen bei sogenannten Vergeltungsaktionen einkassiert wurden und wo genaue Zahlen existieren (Slowenien – 654 Kinder, Tschechoslowakei – 98 Jungen und Mädchen aus Lidice).

Für Russland, Weißrussland und die Ukraine existieren keine Zahlen, bekannt sind nur einzelne Schicksale.

Ist Klaus B. wirklich eines von diesen geraubten 20 000 polnischen Kindern? Die Journalistin dreht diese Frage hin und her. Er hat einen polnischen und einen deutschen Namen. Er hat zwei Geburtsdaten. Er hat angeblich einen gefallenen Soldatenvater, dessen Identität nicht greifbar ist. Er war im Lebensborn-Heim in Bad Polzin, wie andere verschleppte Kinder auch, er kam in eine deutsche Pflegefamilie. Aber reichen diese Indizien?

Gibt es in seinem Gedächtnis vielleicht Erinnerungen an die Odyssee, die für die geraubten Kinder traumatisch gewesen sein muss? Vielleicht existieren in anderen Archiven weitere Dokumente über ihn, mit denen sich sein Weg rekonstruieren lässt? Und was ist mit dem Mann, der nach dem Krieg über das Polnische Rote Kreuz versucht hat, einen Czesław B. zu finden? Vielleicht ist das eine Spur?

Der Schock

Das Handy vibriert und rutscht langsam zur Tischkante. Ohne hinzuschauen befördert die Journalistin es mit einem Schubs zurück und liest weiter. Das Buch über die deutsche Besetzung Polens hat sie gepackt. Diese irrsinnige Ideologie, unter deren Vorzeichen Gewalt und Terror verübt wurden. Es muss der Horror gewesen sein.

Das Handy vibriert zum zweiten Mal, jetzt schaut sie doch hin. Es ist Klaus B.s Nummer. Dann hat er ihren Brief mit dem ITS-Dokument also schon bekommen. Neugierig meldet sie sich.

Ohne sich mit Höflichkeiten lange aufzuhalten, kommt Klaus B. zur Sache.

Das war ein Schock, sagt er nur. Seine Stimme klingt heiser.

Aber er habe doch selbst vermutet, dass er aus Polen stammt, gibt sie zu bedenken.

Er überhört den Satz. Wir haben den ganzen Tag darüber geredet und uns gegenseitig getröstet, sagt er leise.

Dass es so schlimm für ihn ist, hat die Journalistin nicht erwartet. Dass ihn die Nachricht aufwühlt – das schon. Aber wenn er »Trost« braucht? Ist er so unglücklich, so verzweifelt?

Er schweigt. Mehr als diese beiden Sätze sagt er nicht.

Sie versucht, dem Gespräch eine Wendung zu geben. Ob er nicht gleichzeitig erleichtert sei? Jetzt habe er doch endlich einen Hinweis, eine Richtung, in der man weitersuchen könne? Und sein Gefühl habe ihn nicht getäuscht!

Er scheint ihre Worte nicht zu hören. Muss ich mich jetzt outen?, fragt er hilflos. Ich will es eigentlich niemand sagen!

Die Journalistin versucht, ihn zu beruhigen. Es sei doch seine ureigene Entscheidung, wie er mit den neuen Nachrichten umgehe.

Aber er steuert auf einen konkreten Punkt zu. Die Geschwister meiner Frau sollen es nicht erfahren, erklärt er bestimmt. Ich weiß nicht, wie sie darauf reagieren, dass ich ein Pole bin.

Jetzt weiß die Journalistin nicht, was sie sagen soll, so überrascht ist sie. Er fragt nicht, ob er sich auf die Dokumente verlassen kann. Er hat keine Zweifel an ihrer Echtheit. Für ihn ist es eine Tatsache, dass er Pole ist. Punkt. Von einem Moment zum anderen. Langsam fängt sie an zu verstehen, warum er Trost braucht. Er ist auf einer Berg- und Talfahrt, hin- und hergerissen zwischen dem neuen Wissen und dem Verlust der Ungewissheit, mit der er das ganze Leben gelebt hat und die auch eine Basis war. Aber warum nimmt er diese Identität sofort an? Er hat nicht einmal ein Zehntel seines Lebens als Pole verbracht hat – und die restlichen neunzig Prozent als Deutscher. Ganz abgesehen davon, dass er deutscher Staatsbürger ist. Nein: Mit der Karteikarte einer Krankenversicherung aus dem Jahr 1944 ist für ihn klar, er ist Pole. Und er steht zu seiner polnischen Herkunft. Ist das vielleicht sein nächstes Problem? Bei manchen sind Polinnen und Polen immer noch nicht sonderlich angesehen. Zur Altenbetreuung und zum Spargelstechen, als Handwerker oder Reinigungskräfte werden sie geschätzt, aber sonst … Hat er bisher genauso gedacht? Hat er Angst, dass seine Umgebung so denkt?

Dass sie mir einfach einen anderen Namen gegeben haben, sagt er in ihr Schweigen hinein. Sie atmet auf, das ist sicheres Terrain, jetzt kann sie erklären: Mit der Namensänderung hätten die Nazis das Kidnapping perfekt gemacht … Aber sie kommt nicht weit, er geht dazwischen. Das ist übrigens meine allererste Erinnerung.

Die Entführung ist seine erste Erinnerung?

Nicht direkt, räumt er ein. Aber ich erinnere mich, dass ich auf einem Tisch stand, und um mich herum standen lauter schwarze Männer. Und das habe ich nicht geträumt!

Das sei vermutlich die SS gewesen, rutscht ihr heraus. Stopp, sie beißt sich auf die Zunge, keine vorschnellen Schlüsse.

Ich glaube, es waren Uniformen, meint er zögernd. Ich dachte bisher, dass es vielleicht Feuerwehrleute waren.

Vielleicht kann man das noch herausfinden? Ob er seine Erinnerung genauer beschreiben könne?

Aber er rudert zurück. Ich weiß nicht, wo das war und wer das war und was vorher oder nachher passiert ist. Nur dieses Bild. Schwarze Männer um den Tisch herum, auf dem ich stehe.

Wie sie gesprochen hätten?

Das weiß ich nicht. Es ist so, als würde ich ein Bild sehen. Aber das ist wirklich passiert.

Wie alt er damals war? Noch ein Kind?

Ja natürlich, ja, jetzt wird er ein bisschen ungeduldig. Sonst hätten sie mich nicht auf den Tisch gestellt! Und angezogen.

Angezogen? War er denn nackt?

Das weiß ich nicht. Vielleicht im Schlafanzug?

Ob er sich noch an etwas anderes aus dieser Zeit erinnern könne?

Nein. Das ist alles weg, die ganze Kindheit. Meine Erinnerungen fangen erst in Köslin an, als ich zu den Stiefeltern gekommen bin. Da war ich natürlich auch noch ein Kind.

Dann unterbricht er sich. Doch, zwei Sachen weiß ich noch, aber wo sie sich abgespielt haben, kann ich nicht sagen. Wir mussten immer den Teller leer essen. Ich habe Lauchgemüse gehasst, also habe ich es nicht gegessen. Aber ich musste, ich wurde dazu gezwungen. Und es gab Schlafanzüge, die schrecklich kratzten. Ich habe deswegen Terror gemacht. Aber das ist sicher nicht wichtig.

Hatte nicht ein anderes Lebensborn-Kind über die schlechte Kleidung in Bad Polzin gesprochen? Doch, ermuntert sie ihn, alles könne wichtig sein. Selbst die kleinste Erinnerung, ein Geruch, ein Geräusch.

Sie hört, wie er nickt, dann schweigen beide.

Plötzlich lacht er. Ich bin ja jetzt ein Jahr älter! Da hätte ich ein Jahr früher in Rente gehen können.

Vielleicht könnte er das nachträglich beantragen? Jetzt muss die Journalistin auch lachen. Und fragt sich im nächsten Moment: Was passiert eigentlich, wenn sich noch mehr Belege dafür finden, dass er aus Polen stammt? Wird er dann polnischer Staatsbürger? Bekommt er einen polnischen Pass?

Auch Klaus B. ist schon weiter. Gibt es eigentlich eine Entschädigung?, fragt er, und lacht nicht mehr. Nach dem Krieg gab es doch einen Lastenausgleich für verlorenen Besitz im Osten. Müssten meine Lasten nicht auch ausgeglichen werden? Darüber hätten andere Lebensborn-Kinder auch schon nachgedacht, berichtet sie. Einige reklamierten vor allem moralische Unterstützung und praktische Hilfe für ihre Recherchen. Andere dächten an die Erstattung ihrer Ausgaben für Kopien, Übersetzungen und die Reisen in Archive oder zu neuen Verwandten, die sie gefunden hätten. Und es gebe auch die Forderung nach einer generellen Entschädigung.

Aber er scheint nicht zuzuhören. Was muss ich jetzt tun?, fragt er unvermittelt dazwischen.

Hat sie ihm das nicht geschrieben? Sicherheitshalber zählt sie auf: den Fragebogen ausfüllen, damit ein Suchantrag ans Polnische Rote Kreuz abgeschickt werden kann. Seine Personaldokumente kopieren. Kinderfotos heraussuchen, dazu ein aktuelles Foto. Und alles zusammen an den ITS in Arolsen schicken …

Soll ich Ihnen Kopien machen, wenn ich alles zusammen habe?, bietet er an. Die Journalistin jubelt innerlich.

Er will also den nächsten Schritt machen, trotz seiner Unsicherheit, trotz seiner Angst! Und wie zur Bekräftigung erklärt er zum Abschied: Jetzt bin ich so alt, jetzt will ich alles wissen.

Drei Tage später liegt der Umschlag mit den Kopien in ihrem Briefkasten.

Der Fragebogen bringt seine unsichere Existenz präzise zum Ausdruck. In die Spalte »Name bei der Geburt« hat er »bisher Klaus B.« geschrieben. Hinter die Namen seiner angeblichen Eltern hat er ein dickes Fragezeichen gesetzt. Auch bei der Staatsangehörigkeit steht »Deutsch?«. Mit Fragezeichen. Und auf »Umstände, die zum Kontaktverlust führten?« hat er lapidar »Germanisierung im Lebensborn-Heim Polzin« geantwortet. Das steht für ihn längst fest.

Das zweite Dokument: die negative Auskunft aus Dresden, wo der Notar nach Friedrich und Maria B. recherchiert hat. Dann seine Heiratsurkunde. Dort sind die Namen der Dresdner Eltern offiziell eingetragen – und als Quelle wird auf eine eidesstattliche Versicherung verwiesen. Die kann eigentlich nur von den Stiefeltern, den Schäfers, stammen. Sie haben also an Eides statt versichert, dass Friedrich und Maria B. die Eltern von Klaus B. sind. Wie mögen sie bloß darauf gekommen sein?

Schließlich ein handgeschriebener Lebenslauf von 1954 und Fotos, die ihn zusammen mit seinen Stiefgeschwistern zeigen. Das älteste Bild stammt aus Köslin und ist – der Kleidung nach – im Sommer 1944 aufgenommen worden, wenige Monate, nachdem er zu den Schäfers gekommen ist. Klaus B. guckt mürrisch, die anderen Kinder allerdings auch.

Die Stiefgeschwister Volker, Uschi und Gero Schäfer mit Klaus B. in Köslin, Sommer 1944 (von links)

Auf dem jüngsten Foto ist Klaus B. neunzehn, zwanzig und ein attraktiver junger Mann. Neben den beiden Schäfer-Söhnen wirkt er locker und ein bisschen halbstark, trotz Anzug und bravem Seitenscheitel. Und dann ist da noch ein aktuelles Foto von Klaus B.: eindeutig blond. Ein weiches Gesicht. Aber Mund und Augen wirken entschlossen. Jetzt kann die Journalistin sich endlich ein Bild von ihm machen.

Das Lebensborn-Heim »Pommern« in Bad Polzin

Das Lebensborn-Heim in Bad Polzin ist für Klaus B. eine Leerstelle. Er weiß, dass der Ort heute zu Polen gehört und Polczyn Zdrój heißt. Früher hat er manchmal im Atlas nachgeschaut und versucht, sich an das Haus zu erinnern, in dem er eine Zeit lang gelebt hat. Aber sein Gedächtnis liefert keine Bilder. Wie kommt das, warum ist da ein blinder Fleck?, fragt er sich immer wieder. Er war doch damals schon fünf. Er müsste sich doch erinnern können …

Vielleicht könnte er seinem Gedächtnis auf die Sprünge helfen, wenn er nachlesen würde, was über das Heim geschrieben worden ist. Aber er hat keinen Computer, mit dem Internet kennt er sich sowieso nicht aus. Und ein Bücherleser ist er auch nicht. Aber jetzt will er unbedingt mehr wissen! Die Journalistin fällt ihm ein. Sie ist doch Expertin. Vielleicht kann sie ihm ein kleines Dossier zusammenstellen? Und hat vielleicht ein paar Fotos? Eine Woche später schickt sie ihm einen dicken Umschlag mit Informationen.

Postkarte vom SS-Mütterheim Bad Polzin, 1939

Das Heim in Bad Polzin – eines von neun Lebensborn-Heimen in Deutschland – war in einem ehemaligen Kurheim untergebracht. Adolf Hitler hatte es der SS-Organisation geschenkt. Es war ein großes, weißes Gebäude mit drei Stockwerken, einem Hauptflügel, zwei Seitenflügeln, einem ausgebauten Dach, großen Fenstern nach allen Seiten, einem halbrunden Erker und einem Wintergarten. Umgeben war das Haus von einem Park, der auf der einen Seite in einen Buchenwald überging. Auf der anderen Seite lag ein See. Folgte man dem Uferweg, war man in einer Viertelstunde im Ort, in Bad Polzin.

In diesem Haus konnten sechzig Frauen – Schwangere, Wöchnerinnen, junge Mütter – untergebracht werden, nicht nur für die Zeit des Wochenbetts, sondern für einige Monate vor und nach der Geburt. Und es war Platz für fünfundsiebzig Kinder, vor allem für Säuglinge, aber auch für Kleinkinder und größere Mädchen und Jungen, die allein im Heim lebten. Das Haus war also ein Entbindungs- und gleichzeitig ein Kinderheim.

Zwischen Mai 1938, dem Eröffnungstermin, und Anfang 1945, als das Haus geräumt wurde, kamen in Bad Polzin mehr als tausend Babys zur Welt. Genaue Zahlen gibt es nicht, weil die Unterlagen des hauseigenen Standesamts verschwunden sind. Vielleicht gingen sie auf der Flucht im Winter 1945 verloren, vielleicht wurden sie versteckt oder vernichtet. Das hatte und hat für viele, die dort geboren sind, unangenehme Folgen. Wenn sie keine Geburtsurkunde haben – und die fehlt vielen –, ist ihr Ursprung nirgends dokumentiert.

Dem Lebensborn ging es zwar auch um die Mütter, in erster Linie aber um die Kinder. Sie sollten einmal in die NS-Elite aufsteigen und zu Herren des »Tausendjährigen Reiches« werden. Die wichtigste Voraussetzung dafür: handverlesene Eltern, die mit Ahnentafel, Gesundheits- und Erbgesundheitszeugnis nachweisen konnten, dass sie »arisch«, gesund und »erbgesund« waren, das heißt in deren Familie keine Krankheiten existierten, die man damals für genetisch bedingt hielt. Und wenn sie auch noch »arisch« aussahen und der Kindesvater in der SS war, umso besser. Von solchen Eltern erwartete man Kinder »guten Blutes«, eine Annahme, die sich in der Praxis nicht unbedingt erfüllte. Denn trotz aller »Gütesiegel« kamen in den Lebensborn-Heimen auch kranke oder beeinträchtigte Babys zur Welt. Sie wurden gnadenlos aussortiert, aus der

Lebensborn-Vormundschaft entlassen, in andere Heime geschickt – im schlimmsten Fall in Euthanasie-Anstalten, wo sie der Tod erwartete.

Wie viele Kinder das waren, ist nicht mehr rekonstruierbar. Bekannt sind Einzelfälle von entlassenen, weggeschickten, ermordeten Mädchen und Jungen.

Mehr als die Hälfte der Kinder wurde außerehelich geboren, aber das spielte für den Lebensborn keine Rolle, im Gegenteil. Schließlich wollte er neben Ehefrauen aus der SS-Sippe vor allem ledige Frauen erreichen. Wohlgemerkt: Frauen, die bereits schwanger waren – und nicht, wie Gerüchte bis heute suggerieren, im Lebensborn-Heim geschwängert wurden. Ledige Frauen, so die Lebensborn-Idee, sollten nicht abtreiben, sondern ihr Baby zur Welt bringen, auch wenn sie deswegen Probleme mit Eltern, Nachbarn, Arbeitgebern oder Freunden bekamen. Der Lebensborn versprach ihnen Unterstützung – vorausgesetzt, sie und der Kindesvater erfüllten die Kriterien »arisch«, gesund und »erbgesund«.

Im Gegenzug garantierte man den zukünftigen Eltern, die Geburt geheim zu halten, wenn sie das wollten. Deshalb konnte eine Schwangere früh ins Heim einziehen und eine Deckadresse bekommen. Deshalb gab es hauseigene Melde- und Standesämter, die von den staatlichen Behörden abgekoppelt waren. Deshalb blieb der Name des Erzeugers häufig ausgespart, obwohl er dem Lebensborn bekannt war. Deshalb übernahm der Lebensborn die Vormundschaft und bot den Müttern an, das Kind für eine gewisse Zeit im Heim zurück zu lassen. Tatsächlich nutzten viele Frauen diese

Möglichkeit – und so lebten im Laufe der Zeit immer mehr alleinstehende Kinder in den Heimen. Allerdings drängte der Lebensborn darauf, dass sie nach ihrem ersten Geburtstag zur Mutter kamen oder in eine Pflegefamilie vermittelt wurden.

Körperlich wurden die Kinder – von Ausnahmen abgesehen – gut versorgt, sie waren »sauber«, »satt« und »ordentlich«, damals die wichtigsten Kriterien für eine gute Pflege. Dass ihnen häufig eine feste Bezugsperson fehlte, dass sie zu wenig Aufmerksamkeit und Anregung bekamen und deshalb in ihrer Entwicklung zurückblieben – das wurde zwar registriert, aber man hielt es für unbedeutend.

Kinderwagen vor dem Lebensborn-Heim Bad Polzin, Frühjahr 1941

Stattdessen ging man davon aus, dass Kinder erst mit zwei Jahren geistige Aktivität entwickelten, dass sich erst in diesem Alter »Erinnerungsfähigkeit« und »selbstständiges Denken« allmählich herausbildeten. Da spielte die Zeit davor keine Rolle, vor allem wenn man gute Gene hatte.

Bei Ihnen, hat die Journalistin am Rand für Klaus B. notiert, lag der Fall mit Sicherheit anders. Nichts weist darauf hin, dass Sie im Heim geboren und von Ihrer Mutter dort zurückgelassen wurden. Und es weist auch nichts darauf hin, dass Sie dem Lebensborn übergeben wurden, nachdem Ihre (vermeintlichen) Dresdner Eltern beide tot waren. Die Lebensborn-Heime waren keine Waisenhäuser.

Sie gehörten vielmehr zu den sogenannten Ost-Kindern, wie der Vermerk auf der Versicherungskarte des Berliner Vereins belegt. Dafür spricht auch Ihr Alter, als Eva Schäfer Sie im Frühjahr 1944 aus Bad Polzin abgeholt hat. Sie waren fünf – so lange blieben Kinder, die im Lebensborn geboren waren, nicht in den Heimen. Und wenn das doch einmal vorkam, dann lebten sie in dessen Kinderheim in Kohren-Sahlis bei Leipzig.

1942 kamen zum ersten Mal Ost-Kinder in das Heim von Bad Polzin. Sie wurden im Erdgeschoss untergebracht, isoliert vom übrigen Betrieb. Die anderen Kinder und die Mütter hatten nichts mit ihnen zu tun, sie begegneten ihnen nicht einmal. Auch das Personal, das nicht direkt zu ihrer Versorgung eingesetzt war, konnte sie aus seiner Wahrnehmung ausklammern. Das jedenfalls erzählt die ehemalige Angestellte Herta Repp, die in diesen Jahren als Stationsschwester auf der Entbindungsstation gearbeitet hat. Wer sich um die Ost-Kinder kümmerte, wer sie versorgte, betreute, erzog? Darüber schweigen die ehemaligen Angestellten, darüber findet sich auch nichts in den

Lebensborn-Dokumenten. Aber es gibt Erinnerungen der Kinder.

Von Barbara Paciorkiewicz zum Beispiel, die 1938 geboren wurde. Sie hatte bei ihrer Großmutter in Łodź/Litzmannstadt gelebt, die Mutter war tot, der Vater verschwunden. Als sie vier war, wurde sie einkassiert, auf den Prüfstand gestellt und durch verschiedene Heime geschleift, bis sie schließlich in Bad Polzin landete. Barbara Paciorkiewicz kann sich an das Lebensborn-Heim erinnern – ja, hier beginnt ihre Erinnerung. Sie weiß, dass sie mit anderen Kindern zusammen war. Sie weiß, dass sie warteten und deshalb häufig auf der breiten Fensterbank des Erkers saßen, den Blick nach draußen gerichtet, ob jemand käme und sie abholte. Das hatte man ihnen nämlich in Aussicht gestellt.

An Lachen und Spielen kann sie sich nicht erinnern. Nicht einmal daran, dass sie miteinander sprachen. Wie auch? Polnisch war verboten, Deutsch konnten die Kinder (noch) nicht. Aber sie erinnert sich an ihre Angst vor Schlägen: »Wenn wieder eins der Kinder ins Bett gemacht hatte, wurden alle bestraft.« Und vor den Spritzen fürchtete sie sich auch. Sie glaubt, dass es Beruhigungsspritzen waren, »damit wir nicht so viel weinen und schreien«. Denn an das Weinen und Schreien kann sie sich erinnern.[15]

Barbara Paciorkiewicz kam vermutlich mit der ersten Gruppe von Ost-Kindern nach Bad Polzin, im Juli 1942. Seit sie im Februar ihrer Großmutter gestohlen wurde, hatte sie bereits drei verschiedene Heime hinter sich, zwei in Łódź, später dann das Heim in Bruckau/Borek Wielkopolski. Bad Polzin war ihre vierte Station. Drei Monate blieb sie dort, dann kam ihr zukünftiger Pflegevater und nahm sie mit nach Hause. Das kleine Mädchen hatte ihm gefallen.

Sie – auch hier hat die Journalistin eine Randnotiz für Klaus B. eingefügt – wurden irgendwann im Winter 1944 in Bad Polzin eingeliefert – das genaue Datum kennen wir nicht. Vielleicht war es der 17. Februar, der Tag, an dem die Krankenversicherung beginnt. Auch Sie kamen aus einem anderen Heim, Eva Schäfer, die spätere Stiefmutter, erwähnt ja in ihrem Brief an die Eltern, dass ihr zukünftiges Pflegekind »lange in Heimen« war.[16] Sie hatten wie Barbara Paciorkiewicz also bereits andere Stationen hinter sich. Wann Sie aus dem Lebensborn-Heim entlassen wurden, ist dank Eva Schäfer klar: Es war im April 1944, kurz nach Ostern.

Vermutlich unterschieden sich die Lebensbedingungen für die Ost-Kinder 1944 nicht großartig von denjenigen, die Barbara Paciorkiewicz schildert. Auch 1944 werden die Kinder darauf gewartet haben, dass jemand sie aus dem Heim abholt. Eva Schäfer hat das offenbar so erlebt und später ihren Kindern immer wieder erzählt: Dass sie in Bad Polzin von einem »Mutti« rufenden Jungen – Klaus B. – bestürmt wurde, als sie ins Heim kam, um sich die Kinder anzusehen und eines auszusuchen.

Eine Situation, an die Sie – wieder eine Randnotiz der Journalistin – sich ja auch selbst erinnern. Genauso wie an die Bonbons, die Sie damals bekommen haben.

Vielleicht hatte man Ihnen ja erzählt, Ihre Mutter käme, um Sie abzuholen. Vielleicht hatten Sie begriffen, dass Sie etwas dafür tun mussten, um von den Menschen wahrgenommen zu werden, die ins Heim kamen, Kinder besichtigten und bei Gefallen mitnahmen.

Zu diesem Zeitpunkt waren Sie in einem desolaten Zustand. Auch das ist ein Hinweis darauf, dass Sie kein »normales« Lebensborn-Kind waren, das »sauber« und »satt« war und »ordentlich« gehalten wurde. Ihre Kleidung war in »katastrophalem« Zustand, wie Eva Schäfer schrieb, Sie waren Bettnässer und litten unter Frostschäden. Die Vermutung liegt nahe, dass Sie durch das Herausreißen aus Ihrem gewohnten Leben traumatisiert waren, dass die Zeit in den Heimen Ihnen zusätzlich geschadet hatte. Das erklärt immerhin die Enuresis. Aber die schlechte Kleidung und die Frostschäden?

Vielleicht sind Sie – jetzt spekuliert die Journalistin – fortgelaufen, in der Hoffnung, dass Sie nach Hause zurückfinden? Vielleicht haben Sie nicht gehorcht und wurden bestraft, wurden irgendwo eingesperrt oder ausgesperrt, wo es eiskalt war?

Dass ein verschlepptes Kind aus einem Lebensborn-Heim fortgelaufen ist, ist nirgends dokumentiert. Dass Kinder sich zur Wehr setzten, vor allem ältere Kinder, dass sie nicht gehorchten und trotz Verbot polnisch sprachen, das haben ehemalige Angestellte und einige Kinder nach dem Krieg berichtet. Diese Kinder hatten verstanden, dass mit ihnen Ungeheuerliches geschah – und versucht, ihre Identität zu bewahren. Die Kleineren hatten keine Chance.

Stiefschwester Inge ist nicht erreichbar – und gibt indirekt doch Auskunft

Zwei Monate sind vergangen, seit Klaus B. seine Unterlagen an den ITS, den Internationalen Suchdienst in Bad Arolsen, geschickt hat. Zusammen mit dem Suchantrag an das Polnische Rote Kreuz. Seitdem herrscht Funkstille. Zwei Monate. Acht Wochen. 56 Tage. Warten.

Sind die Mühlen der Bürokratie daran schuld? Hakt es im Verhältnis zwischen den deutschen und polnischen Institutionen? Vielleicht ist die Erklärung viel einfacher: Es ist schwierig, einen Jan B. aufzuspüren, der nach dem Krieg ein verschwundenes Kind gesucht hat, der vielleicht längst gestorben ist.

Irgendetwas muss geschehen, findet die Journalistin – und ruft Ingeburg Schäfer an, die Stiefschwester von Klaus B. Sie war elf Jahre alt, als der neue Bruder aus dem Lebensborn-Heim in die Familie kam. In ihrem Buch über die Schäfer-Familie erwähnt sie zwar keine eigenen Erinnerungen an seine Ankunft. Aber sollte dieses Ereignis wirklich keine Spuren in ihrem Gedächtnis hinterlassen haben? Vielleicht gibt es noch weitere Informationen über Klaus B. in den Familiendokumenten, die sie für ihr Buch aufgearbeitet hat? Die Pflegeeltern von Barbara Paciorkiewicz zum Beispiel haben ihre gesamte Korrespondenz mit dem Lebensborn aufgehoben, schon um nachzuweisen, woher sie das Mädchen bekommen hatten.

Ingeburg Schäfer hat inzwischen von Klaus B. alles erfahren: dass der ITS eine Kinderakte über ihn hat, dass er ein Ost-Kind ist, dass er nach dem Krieg vom Polnischen Roten Kreuz gesucht wurde. Aber – sie glaubt es nicht. Sie kann es nicht glauben.

Prompt fragt sie die Journalistin als Erstes: Hat es so etwas wirklich gegeben? Dass polnischen Eltern die Kinder weggenommen wurden? Die Journalistin erklärt. Und sie berichtet von Parallel-Schicksalen. Aber Ingeburg Schäfer wiederholt, was sie Klaus B. auch schon gesagt hat: Das kann nicht sein! Das haben ihre Eltern nicht gewusst! Und dann versichert sie: Klaus war ein ganz normales Kind …

Ob sie sich erinnern könne, wie der Junge damals gesprochen habe, will die Journalistin wissen. Und hat im Hinterkopf: Vielleicht hat er nur schlecht Deutsch gesprochen. Das könnte ein Hinweis sein, dass er die Sprache erst vor Kurzem gelernt hat.

Er hat sehr gut deutsch gesprochen, erklärt Ingeburg Schäfer sofort, besser als Volker, der Bruder, der damals im selben Alter war. Sehen Sie! Jetzt triumphiert sie fast. Und dann meint sie milder: Ich glaube, Klaus reimt sich da etwas zusammen!

Leider hat sie keine Zeit für ein Treffen. Die Journalistin soll in ein paar Wochen wieder anrufen. Ein paar Wochen später erklärt sie plötzlich, sie habe damals wegen des Altersunterschieds nicht viel von »den kleinen Jungs« mitbekommen, von Klaus und von ihren beiden jüngeren Brüdern. Wäre es nicht sinnvoll, wenn Volker bei dem Gespräch dabei wäre? Er habe ja mit Klaus viel mehr zu tun gehabt als sie.

Vielleicht eine gute Idee. Aber auch gefährlich, denn zwei Gesprächspartner behindern sich häufig – oder kontrollieren sich gegenseitig. Das hat die Journalistin schon öfter erlebt. Aber anders scheint ein Treffen mit Ingeburg Schäfer nicht möglich. Also wird ein Termin zu dritt verabredet. Wenig später sagt sie ab. Der Bruder will nicht – und sie eigentlich auch nicht, gibt sie diskret zu verstehen. Die Journalistin bleibt hartnäckig. Gut, aber nicht jetzt, später, verspricht Ingeburg Schäfer. In den folgenden Wochen versucht die Journalistin immer wieder, sie zu erreichen. Nichts, nur der Anrufbeantworter. Nimmt sie nicht ab? Ist sie verreist? Ist sie krank?

Irgendwann gibt die Journalistin auf. Drei Monate später stößt sie im Internet auf eine Todesanzeige. Ingeburg Schäfer, die eigentlich anders heißt, ist gestorben. Jetzt kann sie nicht mehr auf Journalistenfragen antworten.

Hätte Ingeburg Schäfer etwas erzählen können – und wäre sie bereit gewesen zu erzählen? Diese Ungläubigkeit im Gespräch, dieser Rückzieher lassen das Gegenteil vermuten. Dabei hat sie sich mit ihrer Familie auseinandergesetzt und mehrere Bücher über sie geschrieben, für den internen Kreis. Aber »Mutter mochte Himmler nie« wurde veröffentlicht, in einem großen Verlag. Wenn man diese Texte genau liest, stellt man allerdings fest, dass sie immer wieder ausweicht. Daran, dass ihre Eltern überzeugte, ja gläubige Nationalsozialisten waren, gab und gibt es nichts zu deuten. Dass ihr Vater als hoher SS-Offizier auf verantwortlichen Posten saß, bei Kriegsbeginn Polizeichef in Danzig, wenige Monate später Polizeichef in Łodź/Litzmannstadt war – das ist dokumentiert und das schildert Ingeburg Schäfer auch. Nur: Dass Johannes Schäfer mit seinen Befehlen entscheidend am Kriegsbeginn und am Holocaust beteiligt war – solche klaren Schlussfolgerungen zieht sie nicht. Stattdessen folgt sie über weite Strecken seiner Nachkriegsinterpretation. Und sie glaubt ihren Eltern grundsätzlich, obwohl sie gleichzeitig weiß, dass sie oft genug regelrechte Lügengebäude errichtet haben.

Sicher, es ist schwer, sich mit einem solchen Vater auseinanderzusetzen und mit einer Mutter, die vieles wusste und befürwortete. Und es ist nachvollziehbar, dass Zuneigung das Erschrecken ausbremst, und dass Loyalität eine Rolle spielt. Aber warum hat Ingeburg Schäfer diese Geschichte nicht mit sich, mit ihren Geschwistern, mit ihren Kindern abgemacht? Warum ist sie damit an die Öffentlichkeit gegangen? Also doch eine Rechtfertigung, wie Klaus B. vermutet?

All das ändert nichts daran, dass die Journalistin diese Frau gerne kennengelernt hätte. Eine Frau, die als Kind mit Nazi-Ideologie gefüttert wurde, die später reich heiratete, zur Patriarchin einer großen Familie wurde und mit ihren Büchern die Deutungshoheit über die Familiengeschichte übernommen hat. Sie hätte gerne mit ihr gesprochen. Auch über ihre Reaktion, als Klaus B. ihr von den ITS-Dokumenten erzählt hat. Über ihre Ungläubigkeit, mit der sie auf die ersten Informationen über sein Schicksal reagiert hat. Aber sie ist zu spät gekommen.

Klaus B. hat genauso gut deutsch gesprochen wie Volker – dieser Satz von Ingeburg Schäfer lässt der Journalistin keine Ruhe. Wie viel Zeit auch zwischen der Verschleppung aus seinem Elternhaus und der Ankunft bei den Schäfers vergangen sein mag: Der Junge muss in enormen Tempo Deutsch gelernt haben. Ist das überhaupt möglich? Sicher, er wurde dazu gezwungen, er stand unter Druck – trotzdem, die Frage bleibt.

Die Journalistin macht sich auf die Suche nach einer Expertin oder einem Experten. Und landet bei Rosemarie Tracy, Linguistik-Professorin an der Uni Mannheim. Es sei keineswegs ungewöhnlich, erklärt ihr diese in einer ausführlichen Mail, »dass die zentralen Phasen des Erwerbs einer neuen Sprache sehr schnell gemeistert werden«.

Und was heißt »sehr schnell«? Rosemarie Tracy verweist auf Untersuchungen von Kindern mit arabischer, türkischer oder russischer Muttersprache. Sie hätten in einem Jahr die grundlegenden Strukturen deutscher Sätze gelernt. Auch Ingeburg Schäfers Vergleich mit dem etwa gleichaltrigen Bruder findet Rosemarie Tracy plausibel:

> *Von einem Fünfjährigen erwartet man keine stilistischen Höhenflüge oder eine perfekte Kasusverwendung. Die Alltagssprache kann trotz mancher Lücken im Wortschatz sehr gut entwickelt sein.*[17]

Mit anderen Worten: Auch der fünfjährige Volker sprach nicht wie ein Erwachsener, er machte Fehler, und sein Wortschatz war begrenzt. Dann könnte die Erinnerung von Ingeburg Schäfer also stimmen. Falsch ist nur ihre Schlussfolgerung, dass ihr Stiefbruder wegen seiner guten Deutschkenntnisse kein polnisches Kind gewesen sein kann.

Für sie, schreibt die Linguistin Rosemarie Tracy, sei die Erfahrung von Klaus B. jedenfalls ein klarer Beleg, dass selbst unter »traumatischen Umständen« das Erlernen einer neuen Sprache gut funktioniert.

Und das Vergessen der alten? Klaus B. hat nicht die kleinste Erinnerung an seine Muttersprache, die vermutlich polnisch war. Sie ist komplett gelöscht, überschrieben. Polnisch ist ihm so fremd wie Portugiesisch oder Griechisch. Ob das auch auf die »traumatischen Umstände« zurückzuführen ist? Die verschleppten Kinder mussten vergessen, wer sie waren, woher sie kamen, wie sie gesprochen haben, um andere, »deutsche«, Kinder zu werden. Aber wie funktionierte das? Mit Schlägen und Strafen? Mit Trennung und Isolation?

Zwischenmeldung

Die Pressestelle des ITS ruft an, Verena Neusüs berichtet: Es gibt noch immer keine neuen Nachrichten. Aber das Polnische Rote Kreuz arbeite mit Hochdruck! Also weiter warten.

Puzzlestück: Die Personalakte von Johannes Schäfer

Für die Journalistin ist Klaus B.s Geschichte glasklar. Aber der Satz von Margret Schlenke, der ITS brauche »hundertfünfzigprozentige Sicherheit«, wirkt nach. Also macht sie sich auf die Suche nach anderen Spuren von Klaus B. Haben Sie Akten über Johannes Schäfer, Eva Schäfer und über Klaus B.?, fragt sie das Berliner Bundesarchiv.

Zwei Tage später fischt sie eine erste Antwort aus ihrem Briefkasten: Kopien aus der NSDAP-Gaukartei, worin die Parteimitglieder auf Gau-Ebene erfasst wurden. In einem Wirrwarr von Ein- und Austragungen lässt sich der Weg von Johannes und Eva Schäfer, geborene Krieger, quer durchs Deutsche Reich verfolgen. Er war in Leipzig, Halle, Halberstadt, Dresden, Frankfurt/Main, Berlin, Königsberg, Danzig, Köslin registriert. Sie in Eschefeld, Plauen, München, Borna, Frankfurt/Main, Dresden, Königsberg, Danzig, Köslin. So oft sind die beiden in gut fünfzehn Jahren umgezogen – und an all diesen Orten haben sie sich bei der NSDAP angemeldet. Nur Łodź/Litzmannstadt fehlt bei ihm. Und von Klaus B. ist in dieser Kartei natürlich nicht die Rede.

Zweites Fundstück im Bundesarchiv: Die SS-Personalakte von Johannes Schäfer.[18] Für diese Lektüre muss sich die Journalistin selbst ins Archiv setzen. Im Lesesaal blättert sie den kleinen Stapel erst einmal rasch durch: Abstammungsnachweise und Erbgesundheitsbögen, »Gebührnis-Karten« und Stammkarten, Beurteilungen, Eingaben, Dienstlaufbahn-Tabellen, einen handgeschrieben Lebenslauf. Dazu drei Fotos, auf denen Johannes Schäfer mit stahlhartem Blick in die Kamera schaut und eine ordensgeschmückte schwarze Uniform trägt – und auf einem auch seine Dienstmütze, auf der das SS-Totenkopfsymbol prangt. Er könnte einer von Klaus B.s »schwarzen Männern« gewesen sein.

Johannes Schäfer als SS-Standartenführer (1935–1938)

Bei genauer Lektüre entsteht das Bild eines Mannes, der einerseits wegen »Aufopferung«, »Einsatzbereitschaft« und »Pflichtgefühl« in den höchsten Tönen gelobt wird – heute würde man vermutlich von Ehrgeiz und Engagement sprechen. Andererseits attestiert man ihm »fehlende Tatkraft, Entschlussfreudigkeit, Können«, beschreibt ihn als Mann, dem die »letzte Härte fehlt« und der »keine Führerpersönlichkeit« ist. Die Konkurrenz zwischen Schäfer und seinen Begutachtern ist mit Händen zu greifen, sie beißen einander weg, um den eigenen Posten zu sichern oder einen Posten zu bekommen. Klar wird allerdings auch, dass Schäfer eigenwillig ist, leicht aufbraust und sich offenbar nichts gefallen lässt. So bewegt sich seine SS-Karriere in einem ständigem Auf und Ab, mehrmals wird er seiner Funktionen enthoben, in andere Orte, auf andere Posten versetzt, vor Partei- und SS-Gerichten verklagt. Wie die Urteile ausfallen, verraten die Akten allerdings nicht.

In diesem Papierwust entdeckt die Journalistin an einer Stelle Klaus B., in einer winzigen Notiz. Auf einer »Gebührnis-Karte« von 1944 ist vermerkt, dass ein fünftes Kind »Klaus B., geboren 11.8.1939, Pflegekd.« zu den vorhandenen vier Kindern hinzugekommen ist. Damit ändert sich Schäfers Steuerklasse, mit dem 1. April 1944 kommt er von IV/4 in IV/5. Und für Klaus B. wird Kinder- und Haushaltszulage gezahlt, etwas anderes kann »Kd. u. H-Z.« kaum bedeuten. Die Höhe des Betrags ist nicht notiert. Kann Geld ein Grund gewesen sein, ein Pflegekind aufzunehmen? Und brachte ein Lebensborn-Kind vielleicht eine Beförderung ein? Im April 1944 treffen jedenfalls beide Ereignisse zusammen. Am 20. April – »Führergeburtstag« – wird Johannes Schäfer SS-Obersturmführer. Das war offenbar seine letzte Beförderung.

Über Klaus B. entdeckt die Journalistin sonst nichts. Immerhin: ein winziger Puzzlestein. Fragt sich nur, wie viele Teile das Puzzle hat.

Endlich: Große Neuigkeiten aus Arolsen

Nach vier Monaten meldet sich das Polnische Rote Kreuz beim ITS. Einen Tag später ruft Verena Neusüs von der Pressestelle aufgeregt bei der Journalistin an. Und diesmal sitzt nicht nur Margret Schlenke neben ihr, die Leiterin des Referats Suchdienst, sondern die ganze Presseabteilung.

Die Journalistin lässt sich von der Aufregung anstecken. Und während sie hektisch Zettel und Stift zurechtlegt, ist Margret Schlenke schon mitten in ihrem Bericht. Gestern sei ein Brief aus Polen gekommen, auf Polnisch, seit einer Stunde hätten sie die Übersetzung vorliegen. Und dann liest sie vor.

> *Infolge unserer Ermittlungen konnten wir mit der Halbschwester des Czesław B., geboren am 11.6.1938 in Rogoźno, Sohn der Marta B., Frau Barbara Mitrenga (geboren 1949), Kontakt aufnehmen. Frau Barbara Mitrenga teilte uns Folgendes mit: »[…] über die Umstände des Verschwindens meines Halbbruders habe ich von meiner Mutter Marta B. und von meinem Großvater Jan B. erfahren. Während des Krieges war meine Mutter noch ledig und wurde bei der Erziehung ihres*

Sohnes Czesław von ihren Eltern, Pelagia und Jan B., unterstützt. Im Jahre 1942 haben die Deutschen eine Razzia nach kleinen Kindern veranlasst. Die Mutter von Czesław war zu diesem Zeitpunkt bei der Arbeit und das Kind unter der Obhut der Großeltern. Der Großvater versteckte seinen Enkel, er wurde aber von den Deutschen gefunden und deportiert. Im Jahre 1942 lebte die Familie in Rogoźno Wielkopolskie […]« Nach dem Krieg wurde das Kind von der Mutter und dem Großvater durch Vermittlung des Roten Kreuzes gesucht. Die Nachforschungen sind leider negativ verlaufen. Wir sind voller Hoffnung, dass es uns endlich nach all den Jahren gelingen wird, unseren Bruder Czesław zu finden. Unsere Mutter konnte sich zeit ihres Lebens nicht mit der Tatsache abfinden, dass man ihren geliebten Sohn weggenommen hat und dass es nicht gelungen ist, ihn vor ihrem Tod zu finden.

Der Journalistin ist beim Zuhören ganz kalt geworden. Von Anfang an war sie überzeugt davon, dass Klaus B. verschleppt wurde. Aber jetzt kann sie die knappe Schilderung fast nicht glauben. Sie muss den Text noch einmal hören. Geduldig liest Margret Schlenke die Zeilen zum zweiten Mal vor. Und die Journalistin schreibt hastig – Halbschwester – 1942 – Razzia – Versteck – deportiert – Mutter/Großvater – gesucht – auf ihren Zettel. Acht Wörter. Die Eckpunkte einer Tragödie.

Bleib jetzt professionell, befiehlt sie sich. Für Gefühle hast du später Zeit. Aber wenn es sie schon so packt, was wird

Klaus B. dazu sagen? Dass es eine zweite Bestätigung dafür gibt, dass er ein verschlepptes polnisches Kind ist? Dass er gesucht und vermisst wurde? Dass er zu spät kommt, um seine Mutter kennenzulernen? Und dass er eine Schwester hat, die schon jetzt ihre Arme für den verlorenen Bruder öffnet? Wird er wieder so zurückhaltend reagieren wie vor Wochen, als er erfahren hat, dass er ein Ost-Kind ist?

Geschichten von anderen verschleppten Kindern rattern der Journalistin durch den Kopf. Alodia Witaszek, Zyta Sus, Janusz Bukorzycki, Hermann Lüdeking, der ursprünglich Roman Roszatowski hieß. Und natürlich Barbara Paciorkiewicz. Alle wurden zuerst ins Jugendamt einbestellt, »rassisch« und gesundheitlich gemustert, durch mehrere Heime geschleift, wo die »Spezialisten« ihre polnische Identität ausradierten. Alles nach »Vorschrift«, alles streng bürokratisch und deutsch. Czesław dagegen: Ihn hat man offenbar regelrecht entführt, zu Hause aufgespürt und einfach mitgenommen, wie seine Halbschwester schreibt. Bisher hat die Journalistin ein solches Vorgehen für eine Dramatisierung durch die Medien oder die Politik gehalten. Aber genau so schildert es Barbara Mitrenga, die polnische Halbschwester. Es gab also Kinderraub im wortwörtlichen Sinne!? Das Foto aus dem Zweiten Weltkrieg, auf dem vier Uniformierte um eine Frau und ein blondes Kind herumstehen und die Frau krampfhaft versucht, das Kind festzuhalten, an dem einer der Männer zerrt – dieses Foto ist also in einer solchen Situation entstanden?

Die Journalistin atmet tief durch. Wer hat diese Razzia veranstaltet?, fragt sie Margret Schlenke. Die SS?

Solche Fragen stellen wir uns nicht, wir halten uns an die vorliegenden Fakten, erklärt Margret Schlenke so nüchtern, dass die Journalistin ihre nächste Frage runterschluckt. Dabei würde es sie brennend interessieren, was die Kinderräuber mit dem Großvater gemacht haben, als sie feststellten, dass er das Kind versteckt hatte.

Margret Schlenke spürt die Enttäuschung und zieht einen zweiten Trumpf aus der Tasche.

Heute Morgen kam ein Foto aus Polen, auf dem Czesław B. zu sehen ist.

Als Kind? Dumme Frage, natürlich als Kind, fällt sich die Journalistin selbst ins Wort. Wie alt ist er auf dem Foto?

Es ist ein Gruppenfoto, erklärt Margret Schlenke, und das Polnische Rote Kreuz hat dazu geschrieben:

Bei dem auf dem Schoß des Mädchens sitzenden Kind handelt es sich um Czesław B. und bei der neben dem Mädchen sitzenden Frau um seine Mutter Marta B.

Über das Alter schreiben sie nichts.

Ob noch mehr Personen zu sehen seien? Ob sie das Foto schicken können?

Verena Neusüs holt schon Atem, aber diesmal ist Margret Schlenke schneller und rückt mit einem Vorschlag heraus. Der ITS würde Klaus B. und seine polnische Schwester gerne nach Bad Arolsen einladen. Und ihnen für die erste Begegnung eine Dolmetscherin zur Verfügung stellen.

Die Journalistin versteht. Sie wollen Presse und Tamtam! Klar, die Geschichte ist eine Premiere. Seit Bestehen des ITS ist es ihnen zum ersten Mal gelungen, die Identität eines verschleppten Kindes nachzuweisen, mit Dokumenten aus ihrem Archiv. Leider scheint Margret Schlenke zu vergessen, dass die Recherche nie in Gang gekommen wäre, wenn Klaus B. und sie, die Journalistin, sie nicht angeschoben hätten. Aber das sagt sie jetzt lieber nicht.

Derweil legt Margret Schlenke nach. Eine solche Familienzusammenführung wäre eine gute Gelegenheit zu zeigen, dass das Archiv auch nach siebzig Jahren noch seine Aufgabe erfüllt.

Das könne sie gut verstehen, versichert die Journalistin. Aber dann bringt sie Einwände vor: Die Einladung sei zwar eine schöne Idee, aber Klaus B. sei ein zurückhaltender Mensch, er würde sich bei einem solchen Treffen wohl kaum auf Zuschauer einlassen. Und im Hinterkopf hat sie die ganze Zeit: Das ist »ihre« Geschichte. Sie hat die ersten Hinweise entdeckt, Klaus B. ausfindig gemacht, ihn für die Recherche gewonnen, den Kontakt zum ITS hergestellt. Sie will die Geschichte aufschreiben! Und jetzt will der ITS sich damit schmücken? Sicher, ohne das Archiv, seine Dokumente und seine internationale Vernetzung wäre nie herausgekommen, dass Klaus B. als Kind verschleppt wurde. Aber ohne sie hätten die Dokumente weiter im Archiv geschlummert.

Stopp, sagt sie sich im nächsten Moment. Das ist nicht ihre Geschichte – das ist Klaus B.s Geschichte! Das ist die Geschichte der polnischen Familie!

Unversehens wechselt Margret Schlenke das Thema. Glauben Sie, fragt sie vorsichtig, dass Herr B. damit einverstanden ist, wenn das Polnische Rote Kreuz seine Adresse an die Halbschwester weitergibt?

Was für eine Frage. Er hätte doch den Suchantrag nicht gestellt, wenn er keinen Kontakt wollte.

Wir fragen lieber einmal zu viel als zu wenig, gibt Margret Schlenke ein wenig pikiert zurück. Es gibt Menschen, die entscheiden plötzlich anders, wenn tatsächlich ein Verwandter gefunden wird.

Daran hat die Journalistin nicht gedacht. Und verspricht, umgehend nachzufragen. Dafür wäre es allerdings wunderbar, wenn ihr die Pressestelle das Foto mailen könnte. Klaus B. soll so schnell wie möglich einen Ausdruck bekommen.

Gut, sagt Margret Schlenke knapp. Dann sagen Sie uns wegen der Adresse Bescheid. Dann legt sie auf.

Die Journalistin lehnt sich zurück und schließt die Augen. Es ist so schrecklich, was dieser Familie angetan wurde. Und welches Glück, dahinterzukommen, was geschehen ist – und ein gutes Ende zu finden …

Dass ich mal so klein war!
Klaus B. begegnet seiner Kindheit

Er steht am Briefkasten, tut so, als würde er nicht warten – aber er wartet. Vielleicht hat der Postbote den Brief mit dem Foto schon dabei. Normalerweise bleibt ihr Briefkasten leer. Ein, zwei amtliche Schreiben im Jahr, Glückwünsche zum Geburtstag oder Grüße zu Weihnachten. Das ist alles. Eigentlich könnte er jetzt zweimal im Jahr Geburtstag feiern, im Juni und im November. Er grinst. Plötzlich steht der Briefträger neben ihm und meint prompt: Gute Laune heute, gell? Klaus B. nickt und nimmt den Brief mit dem Foto. Eher Galgenhumor.

Auf der Treppe reißt er den Umschlag auf – und ist froh, dass Sonja zum Einkaufen gegangen ist. Der Brief kommt sicher erst morgen, hatte sie erklärt und war losgezogen. Wenn sie ihn jetzt sehen würde, käme sie sofort mit den Herztropfen. Er lässt sich in den Sessel fallen, konzentriert sich auf seinen Atem. Dann springt er auf und holt die Lupe.

Das soll er sein? Dieses mürrische blonde Kerlchen? Nackte Arme, nackte Beine, ein Hemdchen … Wie alt mag er da sein? Zwei? Oder drei? Sonja kann bestimmt sagen, wie ein Zweijähriger oder ein Dreijähriger aussieht. Dass er einmal so klein war! Er kann sich gar nicht vorstellen, dass er einmal so klein war. Er kennt nur Fotos, auf denen er schon fünf oder sechs ist.

Er holt die Kiste mit den alten Aufnahmen. Sonja hat sie gerade geordnet. Ganz oben liegt das Foto vom Sommer 1944, als er gerade ein paar Monate bei den Schäfers lebte. Jahrzehntelang war das sein erstes Foto. Und darauf guckt er auch mürrisch. Er schüttelt den Kopf. Nein, andere Ähnlichkeiten kann er zwischen dem Zwei- oder Dreijährigen und dem Fünfjährigen nicht feststellen. Abgesehen von den blonden Haaren.

Czesław, ein Mädchen und daneben Marta, Czesławs Mutter (von rechts) –
so die Auskunf des ITS. Wer die anderen Personen sind, wo das Foto entstanden ist, weiß zu diesem Zeitpunkt niemand.

Er setzt sich auf die Eckbank und legt das Foto vor sich auf den Tisch.

Ein Mädchen mit blonden Zöpfen hält ihn auf dem Schoß – wer mag das sein? Wer sind die beiden Männer auf dem Foto und die vielen jungen Frauen? Nur über eine weiß er Bescheid: Die Frau neben dem Mädchen ist seine Mutter. Er schaut sie an. Sie lächelt. Viel mehr kann er von ihrem Gesicht nicht erkennen, trotz der Lupe – das Bild ist einfach zu klein. Die Haare sind nicht so blond wie seine, aber gewellt. Er hat keine Locken. Sie trägt eine offene Hemdbluse und einen weiten karierten Rock, den sie züchtig über die Knie gezogen hat. Die Beine sind schräg nebeneinander gestellt. So sitzt sie in einer Reihe mit drei anderen jungen Frauen.

Das also ist seine Mutter? Könnte nicht eine von den anderen genauso gut seine Mutter sein? Sie ist nett. Aber fremd. Auch das Kind, das er sein soll, ist fremd.

Ach, die Post war schon da. Sonja kommt hereingestürmt. Rasch wischt er sich über die Augen. Hier ist das Foto, schau. Sie setzt sich zu ihm, ohne die Jacke auszuziehen, nimmt die Lupe. Das bist also du, sagt sie seufzend. So einen kleinen Kerl hätte ich auch gerne gehabt. Er legt die Hand auf ihren Arm, streicht ein wenig darüber. Wie alt mag er sein – mag ich sein, korrigiert er sich. Zwei, sagt sie bestimmt. Noch keine drei. Meinst du wirklich, dass ich das bin?, fragt er zweifelnd. Sie schaut lange. Schüttelt den Kopf. Ich weiß nicht, sagt sie nur. Blond bist du ja heute noch, aber dieser runde Kopf … Und welche von den Frauen ist deine Mutter?

Er tippt auf die Frau neben dem Mädchen. Die guckt kess, sagt Sonja. Aber mehr ist auch nicht zu erkennen. War sonst noch was in dem Umschlag?

Ja, hier ist noch mal alles zusammengefasst, was das Polnische Rote Kreuz durchgegeben hat. Dass ich unehelich bin. Dass sie mich 1942 gestohlen haben. Dass der Großvater und die Mutter mich gesucht haben. Dass die Mutter tot ist. Dass ich eine Halbschwester habe, die Barbara heißt. Sie hat ja dem Roten Kreuz geschrieben. Ihre Adresse ist leider nicht dabei.

Dann war der Jan, der dich gesucht hat, also nicht dein Vater, sondern dein Opa. Was ist mit deinem Vater?, will Sonja wissen.

Er schüttelt den Kopf. Von ihm ist nirgends die Rede, du hast das Telefongespräch doch mitgehört.

Und was willst du jetzt tun?, drängt Sonja.

Ich will mich nicht outen, antwortet er bestimmt. Du kannst es deinen Geschwistern sagen, wenn ich tot bin. Wie wir es abgemacht haben. Und meine Stiefgeschwister scheinen sich nicht dafür zu interessieren. Sonst hätten sie doch mal nachgefragt.

Ich meine deine polnische Schwester, wie geht es mit ihr weiter?, drängt Sonja.

Klaus hebt die Schultern. Er weiß es nicht.

Warum schickt Arolsen dir eigentlich nicht den Brief, den sie aus Polen bekommen haben, Sonja ist plötzlich aufgebracht. Warum bekommen wir nur eine Zusammenfassung?

Wir müssen das jetzt erst einmal schlucken, beruhigt er sie. Lass uns ein Stück spazieren gehen.

Ohne Mittagessen? Nein, setz dich auf den Balkon, ich koche schnell was, dann können wir los.

Aber er kann jetzt nicht sitzen und nichts tun, er muss sich bewegen. Ich gehe rasch in den Garten, sagt er, nimmt den Gartenschlüssel, verlässt die Wohnung.

Der Nachbarin entkommt er nicht. Ist die Frau krank, will sie wissen, gehen Sie heute allein? Ich hol nur rasch einen Salat – und schon ist er an ihr vorbei. Jetzt bloß kein Schwatz im Treppenhaus.

Zehn Minuten später schließt er das Gartentor auf, schaut, was die Schnecken über Nacht angerichtet haben und ob er heute noch gießen muss, prüft, wie weit die Johannisbeeren sind und scheucht die Amseln aus dem Kirschbaum. Als er nach Hause kommt, hat er den Salat vergessen. Und an seine polnische Schwester hat er auch nicht gedacht. Gut, lacht Sonja erleichtert. Und weiß genau, nach dem Essen steht das Thema wieder auf dem Programm. Es steht jetzt immer auf dem Programm.

Tagtraum

Manchmal stellt er sich beim Einschlafen seine Mutter vor. Diese kesse junge Frau, wie Sonja sagt. Den Männern hat sie bestimmt gefallen, ihm gefällt sie ja auch. Warum war sie wohl nicht verheiratet, als sie ihn bekommen hat? Ob die Leute sie deshalb schief angesehen haben, im katholischen Polen?

Und sein Vater? Ob er zu denen gehört hat, die sich gegen die Deutschen gewehrt haben? Vielleicht ist er deshalb erschossen worden. Die Deutschen haben viele Männer gleich umgelegt. Kam neulich im Fernsehen. Vielleicht wollten seine Eltern ja heiraten, und dann kam der Krieg dazwischen?

Herzrasen: Klaus B. bricht zusammen

»Mein Mann ist im Krankenhaus. Ich musste heute Morgen den Krankenwagen rufen. Sein Herz hat wieder verrückt gespielt.« Mehr hat Sonja B. nicht auf der Mailbox hinterlassen. Und dabei hat sie geweint, das hört die Journalistin. Sie versucht zurückzurufen. Aber Sonja B. ist nicht zu Hause. Auch eine Viertelstunde später nicht. Die Journalistin läuft in den Park, am Schreibtisch hält sie es nicht aus. Das Gefühl, dass sie für diese Herzattacke mitverantwortlich ist, lässt sie nicht los. Erst gestern hat sie mit Klaus B. telefoniert – und ihn immer wieder gefragt, was er jetzt tun will. Aber er redete nur von den anderen, was die jetzt wohl von ihm erwarten, die polnische Schwester, der ITS, die Stiefgeschwister … Das hatte sie so ungeduldig gemacht.

Später versucht sie es wieder. Diesmal nimmt Sonja B. den Hörer ab und fängt sofort an zu weinen. Ich dachte, er stirbt, sagt sie. So schlimm war es noch nie. Dieses Herzrasen hat ihn derart in Panik versetzt. Jetzt ist er natürlich ruhig, aber die Ärzte sagen, sie müssen ihn eine Weile beobachten. Er ist jetzt schon das vierte Mal auf der Intensivstation.

Ob etwas Besonderes passiert sei, fragt die Journalistin und hofft, dass ihre Schuldgefühle zerstreut werden. Nein, eigentlich nicht. Jetzt hat Sonja B. sich wieder im Griff. Wir haben lange geredet, aber das machen wir ja seit Monaten. Und überlegt, wie wir jetzt vorgehen. Wie wir seine Schwester in Polen erreichen können. Wie es wäre, wenn wir sie doch beim ITS in Arolsen treffen würden. Das hat Klaus allerdings ziemlich aufgeregt. Er will nicht in die Öffentlichkeit. Ich fände es gut, wenn seine Geschichte in die Zeitung käme oder ins Fernsehen. Aber er will nicht – also haben wir das jetzt abgehakt.

Ob sie irgendetwas tun könne, fragt die Journalistin. Vielleicht mit Arolsen telefonieren, damit der Kontakt zur Schwester in Polen endlich zustande kommt? Nein, nein, warten wir lieber ab, bremst Sonja B. Und dann sagt sie plötzlich ganz weich: Es ist so schön, dass er jetzt ein Foto von seiner Mutter hat. Stellen Sie sich vor, er hat es griffbereit ins Regal gelegt. Und jedes Mal, wenn er vorbeikommt, nimmt er es in die Hand, betrachtet es, streicht mit dem Finger darüber … Und morgens, jetzt lacht sie sogar ein bisschen, geht er gleich hin und sagt seiner Mutter »Guten Morgen«. Manchmal gibt er ihr sogar einen Kuss.

Was ihn denn so quäle, dass sein Herz verrückt gespielt hat?, fragt die Journalistin. Es ist einfach zu viel, ruft Sonja B. heftig. Dass er sich nicht an seine Kindheit in Polen erinnern kann. Dass er so manipuliert und belogen worden ist. Dass er aus Arolsen nichts Schriftliches bekommt. Dass er nicht weiß, wie er die Verbindung zu seiner Schwester herstellen soll. Dass er überhaupt nicht mit ihr sprechen kann – wir verstehen doch kein Polnisch. Dass Inge so komisch reagiert hat, weil sie vielleicht denkt, er würde jetzt seine Stiefeltern anklagen.

Sie holt tief Luft und wird plötzlich kleinlaut. Und jetzt habe ich auch noch mein Versprechen gebrochen. Pause. Welches Versprechen, will die Journalistin wissen. Ich habe meinem Bruder die Geschichte von Klaus erzählt. Er ist vorbeigekommen, als er gehört hat, dass Klaus wieder im Krankenhaus ist. Er hat gleich gemerkt, dass mir noch was anderes auf dem Herzen liegt, und hat mich gefragt. Da konnte ich nicht anders, als alles zu erzählen.

Eine ganze Stunde habe der Bruder dagesessen und zugehört. Und immer wieder den Kopf geschüttelt und »ich fass es nicht«, »ich glaub es nicht« gesagt. Nicht weil er ihr nicht geglaubt habe, sondern weil er die Geschichte einfach un-glaublich findet. Später habe er noch mal angerufen und nachgefragt. Also, der interessiert sich, sagt sie stolz, der fühlt mit uns.

Und wenn sie ihrem Mann erklärt, wie es dazu gekommen ist, schlägt die Journalistin vor. Und wie gut es ihr getan hat, einmal alles zu erzählen? Das wird er sicher verstehen.

Zwei Tage später erkundigt sich die Journalistin, wie es Klaus B. geht. Besser, besser, lacht seine Frau. Und wissen Sie was? Er hat vorgeschlagen, dass wir jetzt alle meine Geschwister einweihen, eines nach dem anderen. Sobald er wieder einigermaßen auf dem Damm ist, noch vor seinem Geburtstag im August. Denn an diesem Datum will er unbedingt festhalten, auch wenn es eigentlich falsch ist: Daran ist er schließlich gewöhnt.Und wissen Sie noch was? Er hat im Krankenhaus selber angefangen, darüber zu sprechen, mit dem Pfarrer und mit einer Krankenschwester. Und da sagt die auf einmal, dass sie vor fünfundzwanzig Jahren aus Polen nach Deutschland gekommen ist und uns gerne helfen würde! Zum Beispiel wenn wir nach Polen schreiben!

Klaus B. schiebt den ersten Brief an seine polnische Schwester vor sich her. Wie schreibt man einer Unbekannten?, fragt er sich. Soll er sie mit dem Vornamen ansprechen oder mit dem Nachnamen? Mit Du oder Sie? Sagt er ihr gleich, dass er immer jemanden brauchen wird, der für ihn übersetzt? Und dass er massive Gesundheitsprobleme hat?

Eines Morgens setzt Sonja B. sich hin und schreibt einen Entwurf. Als er aus dem Garten nach Hause kommt und den Text liest, sagt er nur: Ich hätte es nicht besser machen können. Dann hat er es plötzlich eilig. Er fährt ins Krankenhaus, bittet die Krankenschwester, den Text zu übersetzen und bringt den Brief noch am selben Tag auf den Weg. Denn der ist lang: Zuerst geht er an den ITS in Arolsen, von dort an das Polnische Rote Kreuz und dann erst an Barbara Mitrenga. Einen direkten Weg gibt es bisher nicht:

Liebe Barbara!
Nach über siebzig Jahren habe ich erfahren, dass ich polnischer Abstammung bin. Umso mehr freue ich mich über das Bild unserer Mutter. Leider konnte ich mich nicht direkt an Dich wenden, da ich nicht polnisch schreiben kann.
Mir geht es zurzeit nicht besonders gut. Vielleicht haben wir noch so viel Zeit, dass wir uns persönlich kennenlernen. Das würde mich sehr freuen. Einliegend sende ich Dir ein Bild von mir und meiner Frau Sonja.

Dieser Brief wurde mir von einer lieben Krankenschwester übersetzt, die ich im Krankenhaus kennengelernt habe.

Sehr geehrte Frau Schlenke! Wie ich erfahren habe, sind Sie im ITS die Ansprechpartnerin für meine sehr traurige Lebensgeschichte. Ich würde mich sehr freuen, wenn Sie den ins Polnische übersetzten Brief an meine Halbschwester weiterleiten. Für Ihre Bemühungen sage ich Ihnen meinen herzlichen Dank.

Die Stiefeltern – 1944–1945

Was wussten Eva und Johannes Schäfer über den Lebensborn und über ihr Lebensborn-Kind? Viel Hoffnung hat die Journalistin nicht, das herauszufinden. Aber so schnell gibt sie nicht auf …

Als SS-Offizier war Johannes Schäfer Mitglied der Organisation und musste monatlich dreiundzwanzig Reichsmark Beitrag zahlen. Dass er nicht gewusst hat, was der Lebensborn war und welche Ziele er hatte, ist unwahrscheinlich. Und dass er – als ehemaliger Polizeichef im besetzten Polen – nicht wusste, dass Teile der polnischen Bevölkerung, Erwachsene und Kinder, »germanisiert« wurden, ist ebenso unwahrscheinlich.

Sicher hat seine Frau mit ihm über ein Pflegekind gesprochen. Sicher haben sie zusammen entschieden, es aus einem Lebensborn-Heim zu holen. Ein Kind mit einem »rassischen« und gesundheitlichen Gütestempel, ein Kind, das in ihr Weltbild passte. Aber war ihnen klar, dass sie ein polnisches Kind bekamen? Ein Kind aus einem Volk, das bei ihnen unter dem Label »dreckige Polen« firmierte? Vielleicht haben sie sich bewusst dafür entschieden, weil sie es als ihre Aufgabe ansahen, ein polnisches Kind »guten Blutes« zu einem »echten Deutschen« zu erziehen? In den Augen der Lebensborn-Verantwortlichen waren sie als SS-Familie jedenfalls dazu prädestiniert.

Viele Fragen, viel »wahrscheinlich« und »vermutlich«, aber nichts Definitives. Denn Eva und Johannes Schäfer haben später weder über den Lebensborn noch über die Herkunft ihres Pflegekindes Klaus gesprochen. Das schreibt Ingeburg, ihre älteste Tochter, in ihrem Buch – und Klaus B. kann es nur bestätigen.

Aber: Im Schäferschen Familienbesitz gibt es jede Menge Dokumente, Urkunden, Briefe, Erinnerungen – Ingeburg Schäfer erwähnt das in ihrem Buch. Vielleicht ist darunter etwas über Klaus B. zu finden? Unwahrscheinlich ist das nicht. Ehemalige Lebensborn-Angestellte haben nach dem Krieg bei Befragungen und Verhören ausgesagt, dass Pflegeeltern Papiere für die Kinder mitgegeben wurden. Vielleicht hat Eva Schäfer auch mit dem Lebensborn korrespondiert, wie der Pflegevater von Barbara Paciorkiewicz? In dessen Schriftverkehr ging es neben bürokratischen Angelegenheiten im Kern um die Verschleierung von Barbaras Identität. Eine Lebensborn-Mitarbeiterin erklärte immer wieder, das Mädchen sei eine Waise, »deutschstämmig« und »volksdeutsch« – obwohl Barbara Paciorkiewicz Polin war und ist. Und als die Pflegeeltern ihr den eigenen, deutschen Nachnamen geben wollten, war der Lebensborn einverstanden. Schließlich wurde die Identität des Mädchens dadurch weiter verschleiert.

Vielleicht befindet sich eine vergleichbare Korrespondenz im Familienbesitz der Schäfers? Leider erweist sich die Vermutung als Fehlanzeige. Eine Nachfrage bei den Schäfer-Erben endet mit einer negativen Auskunft.

Für die Rekonstruktion der ersten Jahre, die Klaus B. bei seiner Pflegefamilie verbracht hat, muss die Journalistin also auf Ingeburg Schäfers Buch zurückgreifen. Und auf die wenigen Erinnerungen, von denen Klaus B. ihr erzählt hat.

Im April 1944 begann für den Jungen die Schäfer-Zeit. Da holte Eva Schäfer den Fünfjährigen aus dem Lebensborn-Heim und nahm ihn mit nach Köslin, zu ihrer Familie. Für Klaus B. war es im Grunde die Rettung. Wäre er im Heim geblieben, hätten seine Vereinsamung und Verwahrlosung vermutlich weiter zugenommen. So aber kam er in ein Haus, in dem er feste Bezugspersonen hatte und irgendwie dazugehörte.

In der Kösliner Mühlentorstraße 39 lebten damals neben Eva Schäfer ihre Schwiegermutter, das Pflichtjahrmädchen Irmi und die vier Kinder Ingeburg, Ursula, Volker und Gero. Johannes Schäfer war im Einsatz bei der Waffen-SS. Aus dem Rigaer Lazarett kam er zuerst zu einer Genesendenkompanie in den Niederlanden, nach der Invasion der Alliierten im Juni 1944 wurde die Kompanie nach Niederschlesien verlegt. An Heimaturlaub war nicht zu denken, also fuhren Eva Schäfer und die Kinder ohne ihn in den Ostsee-Sommerurlaub, und im Winter feierten sie ohne ihn das Julfest. Wann der fünfjährige Klaus dem Pflegevater zum ersten Mal begegnet ist? Eine der vielen offenen Fragen.

Klaus B. kann sich genau an seine Ankunft in Köslin erinnern. Volker, vermeintlich gleichaltrig, tatsächlich ein Jahr jünger, führte ihm als Erstes seinen hölzernen Pferdewagen vor und lud ihn zum Mitspielen ein. Aber sonst hat Klaus B. nur einzelne Szenen aus der Kösliner Zeit im Gedächtnis behalten: wie er und die Schäfer-Kinder russische Kriegsgefangene, die durch die Stadt getrieben wurden, vom Fenster aus beobachteten und mit dem Spruch verhöhnten: »Klotsch, klotsch, bumm, bumm, die Gefangenen sind recht dumm!« Wie das große Scheunentor des Nachbarhauses vom Sturm herausgerissen wurde und auf ihn fiel. Seine Verletzung – ein Schädelbruch »bis zur Nase« – wurde aber nur mit »etwas Kaltem« behandelt, sagt seine Erinnerung.

Sicher ist: Man kümmerte sich um ihn. Eva Schäfer beschaffte neue Kleidung. Vielleicht ging sie mit ihm zu einem Arzt, um seine Frostschäden behandeln zu lassen – schließlich war der Junge noch bis Ende Oktober 1944 über den Lebensborn krankenversichert. Narben an Händen oder Füßen hat Klaus B. jedenfalls nicht zurückbehalten.

Auch ideologisch wurde der Junge auf Vordermann gebracht, mit Soldatenliedern und Kriegsnachrichten, mit »deutschen« Erziehungsidealen (Tapferkeit, Treue, Ausdauer, Aufrichtigkeit) und mit »germanischen« Bräuchen. Bei Schäfers wurde Weihnachten ganz im Sinne der SS als Sonnwendfest gefeiert, es gab einen Julleuchter und Kekse in Runenform, umgedichtete Weihnachtlieder und ein Lichtkind anstelle eines Christkinds.

Aber an all das kann Klaus B. sich nicht erinnern. Und was davor lag, hatte er erst recht vergessen: dass er einmal polnisch sprechen konnte, dass er einmal in einer anderen Familie gelebt hatte, mit einer anderen Mutter, einer anderen Großmutter … Das alles war längst in seinem Gedächtnis gelöscht.

Elf Monate lebte Klaus B. in Köslin, dann war die friedliche Zeit von einem Tag auf den anderen vorbei. Am 1. März 1945 floh die Familie vor der Roten Armee, im letzten Moment. So regimetreu war Eva Schäfer, dass sie sich strikt an das Verbot zu fliehen hielt. Zusammen mit Irmi und den fünf Kindern und ohne die Schwiegermutter machte sie sich auf den Weg nach Eschefeld bei Leipzig, wo ihr Vater und seine zweite Frau lebten. Unterwegs trug sie ihre Rot-Kreuz-Tracht, die für einigen Respekt sorgte. Und so schaffte sie es, dass sieben Personen mit Sack und Pack (darunter ein Fahrrad und ein Kinderwagen) von Militärfahrzeugen mitgenommen wurden und in den überfüllten Zügen Platz fanden. Klaus B. erinnert sich an diese Züge, er weiß auch noch, dass unterwegs Menschen starben und die Toten einfach neben den Schienen abgelegt wurden.

Vier Tage dauerte die Flucht. Die letzte Nacht verbrachten sie auf einem Feld außerhalb von Leipzig, während die Stadt bombardiert wurde. Die Scheinwerfer, die den Himmel absuchten, die Geräusche der Flugzeuge, der Flak – all das hat sich in Klaus B.s Gedächtnis eingeprägt. Dass sich polnische Gefangene und ihre Bewacher neben ihnen niedergelassen hatten, wie Ingeburg Schäfer in ihrem Buch berichtet[19], erinnert er nicht. Ob der Klang ihrer Stimmen etwas in ihm berührt hätte?

Schließlich landeten die sieben in Eschefeld, wo die Großmutter sie mit dem Satz »Ihr seht ja aus wie Flüchtlinge« begrüßte. Sie sahen nicht nur so aus, sie waren Flüchtlinge. Sie hatten fast alles zurückgelassen – und mit der Ankunft in Eschefeld war ihr Flüchtlingsleben noch nicht zu Ende. Aber fürs Erste blieben sie bei Großvater und Großmutter, erlebten dort den Einmarsch der Amerikaner, das Kriegsende und schließlich das Auftauchen des Familienvaters.

Johannes Schäfer hatte am Kriegsende seine Papiere vernichtet, die SS-Uniform ausgezogen, die Waffen vergraben, Orden und Abzeichen fortgeworfen und sich als Unteroffizier der Wehrmacht ausgegeben, eine Identität, für die er sich selbst ein falsches Dokument ausgestellt hatte. Mit einer cleveren Lügengeschichte – die vor allem plausibel machte, warum er die Blutgruppentätowierung der Waffen-SS unter dem linken Arm trug – ergatterte er einen Entlassungsschein aus einem amerikanischen Kriegsgefangenenlager und tauchte eines Nachts in Eschefeld auf. Aber dort war er alles andere als sicher: Die Leute kannten ihn als Schwiegersohn des Pfarrers und wussten von seinen »Heldentaten« in Danzig. Er musste damit rechnen, denunziert und verhaftet zu werden. Dann drohten ihm, davon ging er aus, die Auslieferung an Polen und ein Prozess, der mit Todesurteil und Hinrichtung enden könnte. Also hielt er sich versteckt. Und die Kinder mussten den Mund halten. Der sechsjährige Volker hatte allerdings die Situation nicht verstanden und erzählte einer Nachbarin vom Auftauchen des Vaters. Darauf griff Eva wutentbrannt zum Riemen und verprügelte ihn und den Pflegesohn gleich mit. Dazu rief sie bei jedem Schlag: »So ergeht es allen Verrätern! So ergeht es allen Verrätern!« Worte, die Klaus B. nie vergessen hat.

Johannes Schäfer setzte sich umgehend Richtung Westen ab. Und als die Besatzungsmacht in Eschefeld wechselte – die Amerikaner zogen ab, die Russen marschierten ein –, war Eva Schäfer klar, dass sie als SS-Familie nicht länger bleiben konnten. Sie beschaffte einen Passierschein und machte sich Mitte Juli mit Irmi und den fünf Kindern auf den Weg in die britische Besatzungszone. Meistens zu Fuß, das dick bepackte Fahrrad und den schwer beladenen Kinderwagen schiebend. Nach Tagen erreichten sie das niedersächsische Rhumspringe, wo ein Bekannter lebte. Der verweigerte allerdings seine Unterstützung, und so mussten sie in eine Flüchtlingsbaracke ziehen. Dort gesellte sich auch Johannes Schäfer wieder zu seiner Familie.

In Eschefeld begegnete Klaus B. zum ersten und einzigen Mal Eva Schäfers mächtigem Vater, der in der Familie eine Patriarchenrolle spielte und als »brauner« Pfarrer einige Bekanntheit erlangt hatte. Wie er auf den blonden und blauäugigen Pflegesohn reagierte, was er von ihm hielt, was er über ihn wusste – nichts ist überliefert. Klaus B. erinnert sich lediglich, dass Pfarrer Krieger einige Jahre später seiner Tochter schrieb, er sei von dem Jungen enttäuscht. Er werde es im Leben zu nichts bringen, schließlich sei er nur ein einfacher Proletarier. Eine Prognose, die Klaus B. bis heute kränkt, obwohl er weiß, dass dieser Mann weder Einfühlungsvermögen besaß noch auf andere Rücksicht nahm. Seine Ver-Urteilungen trafen jeden, auch seine geliebte Tochter Eva. Aber was nützt dieses Wissen, wenn der Schmerz bleibt. Und so beteuert Klaus B. ein ums andere Mal: Er habe sich immer angestrengt, um in die Familie zu passen. Er habe gerne gearbeitet. Er sei nie arbeitslos gewesen. Er sei nicht kriminell geworden. Und er habe eine liebe Frau … War das nicht genug, um anerkannt zu werden?

Das erste Treffen mit Klaus B.

Klaus B. wartet. Darauf, dass es weitergeht, nachdem er den Brief an seine polnische Schwester losgeschickt hat. Die Journalistin wartet. Darauf, dass Klaus B. Nachricht aus Polen bekommt, einen Brief oder einen Anruf. Und Barbara Mitrenga wartet vielleicht auch, auf eine Adresse in Deutschland, an die sie schreiben kann … Und der ITS rührt sich nicht.

Die Journalistin versucht, Barbara Mitrenga im Internet aufzustöbern. Aber sie findet nur eine junge Namensvetterin. Sie fragt eine Nachbarin mit polnischen Verwandten – vielleicht kann die ihr mit den Telefonbüchern des Nachbarlandes helfen, die im Netz stehen. Doch die findet sich darin genauso wenig zurecht, verspricht aber, sich bei ihren Verwandten zu erkundigen. Klaus B. fragt beim Ausländeramt, ob sie ihm bei der Suche nach der Adresse helfen können. Vergeblich. Auch die Krankenschwester, die seinen Brief übersetzt hat, weiß keinen Rat. Als er dem Pfarrer sein Herz ausschüttet, will der sofort dem ITS schreiben. Sie müssten ihm seine Kinderakte schicken und die Adresse seiner Schwester. Das sei ein Menschenrecht! Klaus B. erschrickt vor dem großen Wort und will lieber noch ein bisschen warten. Da schlägt die Journalistin ein Treffen vor. Sie will vorbeikommen. Diesmal ist er einverstanden.

Sonja und Klaus B. sind gespannt. Also kommen sie gemeinsam zum Bahnhof, um die Journalistin abzuholen. Und da stehen sie auf dem Bahnsteig: ein schlanker Mittsiebziger, dem man das Alter nicht ansieht. Sportlich in Poloshirt und Sommerhose. Dünnes, weiß-blondes Haar, ein weiches Gesicht, leuchtend blaue Augen. Die frische Haut kommt von der Gartenarbeit, sagt er irgendwann, nicht von seinen Herzproblemen. Seine Frau, zwei Jahre jünger als er, ist klein und resolut, das sieht man auf den ersten Blick. Die getönten Haare trägt sie kurz, dazu ein flottes Ringelshirt und Hosen. Besonderes Kennzeichen: ihr markantes Schwäbisch, das die Journalistin hin und wieder zum Nachfragen zwingt.

Klaus B. setzt sich hinters Steuer, seine Frau klettert auf den Rücksitz – und so fahren sie quer durch die Stadt, bergauf, bergab, ein paar enge Kurven, dann geht es in eine Sackgasse mit zweistöckigen Vororthäusern. Hier wohnen die beiden seit 35 Jahren, in einer gemütlichen Dachwohnung. Alles ist passgenau eingerichtet, Klaus B. hat die meisten Möbel selbst gebaut, auch die Türen und die Wandverkleidung stammen aus seiner Werkstatt. Für einen Möbelschreiner verstehe sich das von selbst, lacht er, hebt die rechte Hand und zeigt seinen verkürzten Zeigefinger.

Es gibt Kaffee und Kuchen, der Rekorder läuft – und die drei reden. Die Journalistin fragt, Klaus und Sonja B. antworten, durcheinander, gleichzeitig, abwechselnd, schnell und dann wieder zögernd, mit einem Lachen und dann wieder traurig. Aber auch sie haben Fragen, wollen mehr über den ITS wissen, über den Lebensborn, über den Kinderraub in Polen – und auch über die Journalistin.

Zwischendurch amüsieren sich die drei darüber, dass sie den polnischen Namen Czesław B. nicht aussprechen können. Dass Klaus B. jetzt zweimal Geburtstag feiern kann und dass er zuerst ein Jahr älter und dann wieder ein Jahr jünger wird. Der polnische Geburtstag ist schon vorbei, der deutsche steht vor der Tür und soll wie gewohnt mit Sonja Verwandten gefeiert werden. Die Geschwister wissen jetzt alle Bescheid, strahlt sie. Ihre ältere Schwester habe Klaus gleich in den Arm genommen und »du bleibst trotzdem unser Klaus« und »der Kerle kann ja nix dafür« gesagt.

Hinterher zeigt der Rekorder: zwei Stunden, einundvierzig Minuten – so lange haben die drei geredet. Es wird eben doch nicht alles am Telefon erzählt.

Auf der Rückfahrt lässt die Journalistin die Zeitungen stecken und klappt ihr Notebook auf. Ihr schwirrt der Kopf vor lauter Geschichten, aber ihre Eindrücke muss sie unbedingt festhalten. Die Flucht aus Pommern – die harte Kindheit in Niedersachsen – die Lehre – die ersten Jahre in Süddeutschland … Und immer wieder kommt sie darauf zurück, wie sehr die Verschleppung und Fälschung seiner Identität das Leben von Klaus B. geprägt hat und bis heute prägt.

Es war Sonja B., die das Thema angeschnitten hatte, ohne einen Hehl daraus zu machen, dass es ihr weh tut. Die beiden haben keine Kinder, weil Klaus B. felsenfest davon überzeugt war, wenn man Kinder in die Welt setzt, müsse man wissen, wo man herkommt. Als hätte er intuitiv gewusst, überlegt die Journalistin und starrt aus dem Fenster, dass er dieses

»In-der-Luft-Hängen« weitergibt, an die nächste Generation. Auch ohne zu wissen, was ihm tatsächlich Schlimmes zugefügt wurde. Seine Frau, fest verwurzelt in ihrer großen Herkunftsfamilie, verstand ihn nicht ganz, aber sie musste seine Einstellung akzeptieren. Dann eben keine Kinder. Damit war das Thema auch für diesen Nachmittag beendet. Klaus B. hatte dazu geschwiegen.

Wäre die Kinder-Frage nicht ein Anlass gewesen, etwas über die eigene Geschichte herauszufinden, überlegt die Journalistin. Was hat ihn gehindert, behindert? Je länger sie darüber nachdenkt, desto mehr kommt sie zu der Überzeugung: Es muss mit der Familie Schäfer zusammenhängen. Er fühlt sich ihr gegenüber verpflichtet. Sie hätte die Suche nach seinen Wurzeln als Undankbarkeit auslegen können. Mehrmals hatte er an diesem Nachmittag erklärt, er werde nie ein schlechtes Wort über sie sagen. Sie sei schließlich immer »recht nett« zu ihm gewesen. Aus welchen Gründen auch immer sie ihn aufgenommen hätte – um ein fünftes Kind zu haben, wie Eva Schäfer immer erklärt hatte, um finanzielle Unterstützung zu kassieren, um ein schlechtes Gewissen (gegenüber Polen) zu beruhigen, um in der Nachkriegszeit eine gute Tat vorweisen zu können, die sie »reinwäscht« (oder, das sagt er allerdings nicht, weil sie überzeugt vom Wahn der »Germanisierung« war): Er habe dadurch sicher ein besseres Leben führen können als in Polen.

Ein besseres Leben … Materiell betrachtet hat er vermutlich recht, in Polen hätte er sicher keine Eigentumswohnung und keinen neuen BMW. Aber ist das für ihn so wichtig? Vielleicht ist dieser Wohlstand wie ein Verband? Der sich über die

Wunden gelegt hat, die das gewaltsame Herausreißen und die Vernichtung seiner alten Identität ihm zugefügt haben?

Und dann fällt der Journalistin noch eine Bemerkung von Klaus B. ein: Er könne solche Leute wie seinen Stiefvater nicht verurteilen. Das sei damals die Zeit gewesen. Wenn die nächste Generation damals gelebt hätte, würde sie wahrscheinlich nicht anders handeln.

Ob er dieses Totschlagargument bei Schäfers oft gehört hat? Wenn Fragen gestellt wurden, wenn es zu Diskussionen kam, falls es zu Diskussionen kam. Die Journalistin hatte Klaus B. nicht widersprochen. Vielleicht hätte sie es tun sollen. Natürlich wissen die Nachgeborenen nicht, wie sie sich im Dritten Reich verhalten hätten. Aber genauso wie Johannes Schäfer? Aggressiv, selbstgerecht, fanatisch, mit todbringenden Feindbildern? Nein! Das weiß man auch als Nachgeborene.

Klaus B. hat also wegen der Schäfers nie versucht herauszufinden, woher er kommt? Weil er ihnen dankbar ist? Weil er sie nicht beschädigen will? Weil er ihnen keinen Ärger machen wollte – und will? Er habe immer versucht, in diese Familie hineinzupassen – das hatte er schon am Telefon einmal gesagt. Er wollte einfach dazu gehören. Ob ihm das gelungen ist? Sicher hat er bei ihnen Spuren hinterlassen, und sie haben Spuren bei ihm hinterlassen.

Vom Schweigen dieser Familie ist er jedenfalls deutlich geprägt. Die Journalistin notiert ein paar Episoden, die Klaus B. erzählt hatte, als sie die Batterien des Rekorders wechseln musste. Als er mit zwanzig nach Süddeutschland kam, erzählte er niemand, dass er bei fremden Menschen aufgewachsen war. Er hatte aus Eva Schäfer eine Tante gemacht. Auch über die Lebensborn-Herkunft sagte er kein Wort. Seine Frau erfuhr davon erst viel später. Die Briefe der Pflegeeltern zerriss er nach dem Lesen. Weil er fürchtete, dass die Vermieter sich in seinem Zimmer umsehen und seine Post lesen könnten. Heute bedauert er das, denn erinnern kann er sich nur an einen einzigen Brief. Darin hatten die Schäfers ihm mitgeteilt, dass sie ihn aus einem Lebensborn-Heim geholt hatten. Dass er ein Pflegekind war, hatte er von Anfang an gewusst, aber vom Lebensborn-Heim erfuhr er erst viele Jahre später.

Und dann dieser Abschied! Auf dem Bahnsteig, wenige Minuten vor ihrer Abfahrt, stellte Klaus B. plötzlich eine Grundsatzfrage: ob er überhaupt weitermachen soll? Er wisse doch jetzt in groben Zügen, was mit ihm geschehen sei. Er habe ein Foto von seiner Mutter. Das sei mehr als erwartet, sollte das nicht genügen? Dieses ganze Theater um seine Person, die Einladung nach Arolsen, das Warten auf eine Antwort seiner polnischen Schwester. Das alles rege ihn doch nur auf.

Die Journalistin hatte noch einmal ihre ganze Überzeugungskraft mobilisiert. Sie würden bestimmt noch mehr über seine polnische Familie erfahren. Und über seine Verschleppung. Davon abgesehen, habe sie mit den Archivrecherchen gerade erst angefangen, davon verspreche sie sich viel … Natürlich müsse er entscheiden! Er müsse an seine Gesundheit denken, sonst mache das Ganze keinen Sinn. Aber kaum hatte sie diese beiden Sätze ausgesprochen, hatte er den Kopf geschüttelt. Natürlich würde er gerne mehr erfahren. Und Sonja B. hatte heftig dazu genickt.

Plötzlich dreimal Bruder und achtmal Onkel

Drei Wochen muss Klaus B. noch warten. Drei Wochen nach dem Treffen mit der Journalistin kommt endlich ein Brief aus Polen, per Einschreiben und auf Deutsch. Barbara Mitrenga weiß offenbar genau, wie frustrierend es ist, wenn man einen Brief in der Hand hält und ihn nicht lesen kann.

In diesen drei Wochen telefoniert die Journalistin immer wieder mit dem ITS. Es ist Urlaubszeit und der »Suchvorgang« ruht. Bewegt sich auch nicht, als das Polnische Rote Kreuz mitteilt, dass die Familie nach der kurzen Nachricht von Klaus B. auf einen persönlichen Brief von ihm warte. Klaus B. erfährt davon nichts. Als die Urlaubszeit vorbei ist, verspricht der ITS, die Adresse der polnischen Schwester zu beschaffen. Klaus B. hat sie nämlich immer noch nicht. Außerdem erklärt man sich endlich dazu bereit, ihm eine Kopie seiner Kinderakte zu schicken. Können die ITS-Mitarbeiter sich trotz jahrelanger Beschäftigung mit Suchanfragen nicht vorstellen, wie wichtig es für die Betroffenen ist, etwas Schriftliches in die Hand zu bekommen?

Schließlich informiert das Polnische Rote Kreuz den ITS, dass Barbara Mitrenga ihrem Bruder geschrieben hat … Und dann ist der Brief endlich da!

Am nächsten Tag ruft Klaus B. aufgeregt und glücklich bei der Journalistin an und liest ihr daraus vor.

Lieber Klaus, wir hatten die ganze Hoffnung verloren, dich zu finden. Es ist ein Wunder passiert, dass wir nach so vielen Jahren dich zurückgefunden haben.

Es ist wirklich ein Wunder, ruft Sonja B. im Hintergrund. Ja, bestätigt ihr Mann, ein Wunder. Und die Journalistin am anderen Ende der Leitung nickt.

Marta B., die Mutter von Klaus B., vermutlich nach dem Krieg.

So, und jetzt kommt eine Vorstellung der ganzen polnischen Verwandtschaft, lacht Klaus B. Zum Glück hat Barbara ein paar Fotos geschickt, damit wir die vielen Menschen auseinanderhalten können. Da sind einmal die Großeltern, Jan und Pelagia B. Von der Mutter hat sie mehrere Fotos geschickt, als junge Frau, als ältere Frau. Leider sieht sie immer ernst und traurig aus, kommentiert Klaus B. Dann gibt es ein Foto von der Schwester Barbara und ihrer Familie, also mit ihrem Mann, ihren beiden Töchtern, einem Schwiegersohn und fünf Enkelkindern. Von Jolanta hat sie wohl kein Foto – das ist meine zweite Schwester, erklärt Klaus B. stolz. Jolanta ist verwitwet und kinderlos. Und einen Bruder habe ich auch noch, er heißt Andrzej. Der hat mit seiner Frau drei Kinder. Ich glaube, Andrzej sieht mir ähnlich.

Die polnische Verwandtschaft ist fast so groß wie meine, ruft Sonja B. dazwischen. Bisher war er ganz allein, jetzt hat er drei Geschwister, einen Schwager, eine Schwägerin und acht Nichten und Neffen.

> *Jolanta und Andrzej,* jetzt liest Klaus B. wieder vor, *wohnen in Rogoźno und ich – also Barbara – in Jarocin, einhundertzehn Kilometer entfernt. Schade, dass unsere Mutter hat diesen Moment nicht mitmachen können. Sie liegt begraben in Rogoźno und wir hoffen, du kommst ihr Grab besuchen.*

Das würde ich gerne, sagt Klaus B. traurig. Aber mein Herz, ich komme einfach nicht zur Ruhe. Nachts habe ich Alpträume und minutenlanges Herzrasen. Vielleicht brauche ich andere Tabletten. Aber ich werde Barbara schreiben! Eine Karte habe ich ihr schon geschickt und einen ausführlichen Brief angekündigt. Sie soll nicht länger warten, dieses Warten ist schrecklich. Und hier steht noch, dass ich ruhig auf Deutsch schreiben kann. Krystian, ihr Schwiegersohn, kann nämlich Deutsch!

Die Stiefeltern – 1945–1964

Die Journalistin arbeitet das Gespräch mit Klaus und Sonja B., das sie bei ihrem Besuch mitgeschnitten hat, noch einmal durch. Sie hört die Stimmen, das Lachen, die abgebrochenen Sätze, das Schweigen. Im Grunde hat Klaus B. ihr seine ganze Lebensgeschichte anvertraut, während sie sich bei dieser ersten Begegnung vor allem für seine Zeit bei den Schäfers interessiert hat. Wie ist die Pflegefamilie mit dem polnischen Kind, dem Lebensborn-Kind, nach dem Krieg umgegangen? Immer wieder hatte sie nachgefragt, wollte Details wissen, Geschichten hören.

Jetzt legt sie diese Gesprächspassagen neben das Buch von Ingeburg Schäfer. Was war für die sechs Jahre ältere Stiefschwester wichtig, was hat sie aufgeschrieben – und woran erinnert sich Klaus B., der damals zur Schule kam, die Pubertät durchmachte, langsam erwachsen wurde? Und zum ersten Mal mit Johannes Schäfer zusammenlebte?

Die Lage der Familie war prekär, als sie in Niedersachsen landete. Die Schäfers hatten kein Geld, keine Arbeit, keine Unterkunft, keine Möbel, keinen Hausrat, nichts. Sie waren Flüchtlinge und von den Einheimischen nicht gerne gesehen. Und noch etwas belastete die Familie: Johannes Schäfer hatte Angst, entdeckt zu werden, weil ihm eine Auslieferung nach Polen, ein Prozess und möglicherweise ein Todesurteil drohten. Das glaubte er jedenfalls. Tatsächlich – das hat die Journalistin mittlerweile recherchiert – stand sein Name auf keiner der bekannten Fahndungslisten. Weder auf einer der »Wanted Lists« der Alliierten oder der UNO noch bei den polnischen Behörden, die versuchten, Kriegsverbrecher aufzuspüren und zur Rechenschaft zu ziehen.

Schäfer wusste davon offenbar nichts. Er versuchte, mit seiner Familie möglichst unauffällig zu leben und ging Menschen aus dem Weg, die ihn hätten erkennen können. Schreibt Ingeburg Schäfer, erinnert sich Klaus B. Ob Schäfer nicht doch versuchte, das Netzwerk der »alten Kameraden« aus der SS zu kontaktieren? Eine offene Frage.

Dass die niedersächsische Provinz für ein Leben »undercover« gut geeignet war, wussten viele hohe Nazis, die hier abtauchten. Die einheimische Bevölkerung war in der NS-Zeit »braun« gewesen und hatte die alte Gesinnung noch längst nicht aufgegeben. Und Arbeit für Ungelernte, die früher einmal andere Jobs und Aufgaben gehabt hatten, gab es auf dem Land genug. Auch Johannes Schäfer fand bald eine Stelle. Seit September 1945 arbeitete er als Gespannführer auf einem Gut in Wollershausen. Und Eva Schäfer übernahm mit Irmis Hilfe die Versorgung der Kinder, den Haushalt, die Beschaffung von Nahrung, Kleidung und Einrichtungsgegenständen. Manchmal musste sie auch auf dem Gut mitarbeiten. Und nebenher nähte sie noch für andere.

Ihre Lebenssituation hatte sich damit radikal verändert – ihre Gedankenwelt nicht im Geringsten. Die Schäfers blieben Nationalsozialisten und erzogen ihre Kinder weiter in diesem Sinne. Aus ihrer Verachtung für die Besatzungsmacht machten sie keinen Hehl. Die Nürnberger Kriegsverbrecherprozesse taten sie als »Siegerjustiz« ab, wie so viele Zeitgenossen. Die Entnazifizierung hielten sie für reine Schikane – der sie selbst offenbar entgingen. Im Landesarchiv Hannover gibt es keine entsprechenden Akten über Eva und Johannes Schäfer, findet die Journalistin später heraus. Beide standen weiter zu ihrer Hitler-Verehrung und ihren alten Idealen. Eva Schäfer organisierte für ihre Kinder Nazi-Bücher, die aus der Bibliothek aussortiert wurden. Und in ein selbstgemachtes Liederbuch schrieb sie trotzig als erstes das Treuelied der SS.

Dass Johannes Schäfer Mitglied dieser »verbrecherischen Organisation« gewesen war (so der Nürnberger Gerichtshof), wussten die Kinder. Allerdings hatten sie keine Vorstellung von seiner Position, seiner Rolle, seiner Verantwortung, die zwölfjährige Ingeburg nicht und der siebenjährige Klaus erst recht nicht. Darüber wurde nicht gesprochen, auch später nicht, wie Ingeburg Schäfer in ihrem Buch berichtet. Johannes Schäfer, der sich jetzt Hans Schäfer nannte, reagierte heftig, wenn die Kinder die Rede darauf brachten, flüchtete sich in Ausreden oder blockte ab. Wie so viele Väter dieser Generation.

Das war das Koordinatensystem, in dem Klaus B. aufwuchs. Im klaren Bewusstsein, dass er nicht richtig dazugehörte, sondern ein Pflegekind mit einem anderen Nachnamen war. Er hat die angespannte, bedrückende Atmosphäre, die seine Stiefschwester in ihrem Buch beschreibt, allerdings als »Abenteuer« gespeichert. Die Wände des alten, schlecht isolierten Lehmhauses, in dem sie wohnten, waren im Winter innen von Eis überzogen – er erinnert sich an die glitzernden

Kristalle. Die abendliche Stromsperre erlebte er als gemütliches Zusammensitzen um den Ofen, bei dem erzählt wurde. Weil er oft krank war, wurde er zur Kinder-Erholung ans Meer geschickt – endlich gab es genug zu essen. Und da war Schnippi, der Rauhaardackel, sein großer Freund. Einmal war er in einem Fuchsbau verschwunden und kam trotz aller Rufe nicht heraus. Abends war er wie selbstverständlich wieder da. Als einmal mitten in der Nacht an die Tür geklopft wurde, erlebte Klaus B. das wie einen Krimi. Draußen stand Militärpolizei, so seine Erinnerung, und verlangte Einlass. Unterdessen sprang Johannes Schäfer aus dem Fenster und verschwand. Die Militärpolizisten durchsuchten die Wohnung und prüften sogar die Wärme des Ehebetts. Damit war klar, dass kurz zuvor zwei Personen darin gelegen hatten. Klaus B. war beeindruckt, von der Geistesgegenwart des Stiefvaters, von der Professionalität der Militärpolizisten. Wie die Geschichte weiterging, das weiß er allerdings nicht mehr. Ingeburg Schäfer referiert an dieser Stelle eine harmlose Schilderung aus den Lebenserinnerungen ihres Vaters. Ein SS-Oberscharführer wurde gesucht, hatte sich aber davon gemacht. Also wurden im ganzen Dorf Hausdurchsuchungen angestellt. Mit Johannes Schäfer hatte das nichts zu tun, er blieb unbehelligt.

Ingeburg Schäfer hat auch sonst eine andere Perspektive als der kleine Stiefbruder. Sie erzählt, wie hart das Leben damals war, erinnert sich an Enge, Kälte, knappe Nahrung, schlechte Kleidung, weite Schulwege, Pflichten in der Familie, Arbeit beim Bauern – dabei mussten auch die Brüder mitmachen. Und an einen jähzornigen, selbstherrlichen, unzufriedenen Vater, dem kräftig die Hand ausrutschen konnte. Das weiß Klaus B. auch noch – und lacht, als er davon erzählt. Das war eben damals so, meint er achselzuckend.

Johannes Schäfer kam mit der neuen Lebenssituation nicht zurecht und lebte das in seiner Familie aus. Eva Schäfer bewies dagegen ihre Tüchtigkeit – und musste sie schließlich mit ihrer Gesundheit bezahlen. Monatelang war sie wegen einer Tuberkulose in der Klinik. Und da Irmi die Schäfers mittlerweile verlassen hatte, ging Uschi, die zweitälteste Schäfer-Tochter, von der Schule ab und übernahm die Rolle der Mutter. Mit vierzehn Jahren.

Klaus B. (Mitte) mit seinen Stiefgeschwistern Volker, Ingeburg, Uschi und Gero (von links) sowie Eva Schäfer (hinten rechts) und Dackel Schnippi, 1949

Unter den Stiefgeschwistern war Volker Klaus B. am nächsten. Die beiden Jungen wurden häufig für Zwillinge gehalten. Ihre (vermeintlichen) Geburtstage fielen fast zusammen, und sie trugen oft die gleiche Kleidung, unverwüstliche Lederhosen zum Beispiel. Außerdem standen sie Gero, dem Jüngsten, oft als Verbündete gegenüber.

Trotzdem liegt es für die Journalistin auf der Hand, dass Klaus ein Außenseiter in der Familie war. Natürlich wurde für ihn gesorgt, und zu Weihnachten bekam er genauso viel geschenkt wie die anderen. Aber es wurden Unterschiede gemacht. Wie die anderen besuchte er die Volksschule, zuerst in Wollershausen, dann in Gieboldehausen, wohin die Familie 1950 umzog. Johannes Schäfer hatte seinen Job als Gespannführer hingeworfen, damit war das Anrecht auf Wohnung und Deputat verloren gegangen. Aber während die Schäfer-Kinder nach und nach aufs Gymnasium gingen, blieb Klaus auf der Volksschule. Später studierten die anderen, Pädagogik, Landwirtschaft, Medizin – nur Uschi nicht, sie wurde Imkerin. Und Klaus B. nicht. Er begann 1954 in Duderstadt eine Lehre als Möbeltischler. Weil er gerne bastelte, erzählt er. Weil Holz ihn interessierte. Weil er sich mit Vorliebe in einer Schreinerwerkstatt herumtrieb. Oder war er in der Schule nicht gut genug fürs Gymnasium? Er weiß es nicht mehr.

Könnte nicht auch Heinrich Himmlers Postulat weitergewirkt haben, wonach die Kinder aus dem Osten höchstens Handwerker werden sollten? Das kann sich die Journalistin nun doch nicht vorstellen, bei aller andauernden NS-Gläubigkeit der Schäfers.

Johannes Schäfer ging mittlerweile davon aus, dass er für seine Nazi-Vergangenheit nicht zur Verantwortung gezogen würde. Der Internierung und Entnazifizierung war er entgangen, an Polen wurde seit Jahren niemand mehr ausgeliefert. Die bundesdeutsche Gesellschaft wollte einen Schlussstrich ziehen – und deckte den Mantel des Schweigens über die Verbrechen.

Schäfer versuchte sich jetzt in verschiedenen Berufen: Er handelte mit Haushaltsgeräten, arbeitete bei einer Versicherung, gründete ein Institut für Ehevermittlung, zog mit einer Ausstellung durchs Land. Aber der Verdienst war überall gering, es gab Fehlschläge, immer wieder stand er ohne Arbeit da, und so drohte der Familie ständig Geldmangel. 1955 zogen Johannes und Eva Schäfer mit Volker und Gero nach Köln um. Die beiden großen Töchter waren aus dem Haus, Pflegesohn Klaus blieb in Duderstadt, um seine Lehre zu beenden.

In Köln fand Schäfer eine Stelle beim Werkschutz, arbeitete für eine Versicherung und – wie viele alte Nationalsozialisten – eine Zeit lang für den BND, den Bundesnachrichtendienst. Welche Aufgabe er dort hatte? Wie lange er beschäftigt war? Ingeburg Schäfer zitiert aus den Lebenserinnerungen ihres Vaters eine Passage, in der die erste Begegnung geschildert wird. Danach heißt es bei ihr knapp:

> *Vater ging auf den Vorschlag [der Mitarbeit, DSK] ein, schied aber bald wieder aus dem BND aus, als er politische Verwicklungen fürchtete.*[20]

Das will die Journalistin genauer wissen und fragt beim BND nach. Es gibt zwei Akten, teilt man ihr mit – aber dann muss sie warten, sehr lange warten. Schließlich bekommt sie eine der beiden, mit vielen geschwärzten Passagen. Trotzdem liefert sie neue Informationen: Schäfer wurde im September 1959 »geworben« und im April 1964 »abgeschaltet«. Er war also fast fünf Jahre für den BND tätig – nebenberuflich. Seine Aufgabe: »Tipper«. Er sollte vor allem »Schreibkräfte« aquirieren, vorzugsweise aus dem Kreis von Offizierstöchtern. Auf den ersten Blick ein banaler Job, wenn Sekretärinnen nicht einen Türöffner für Spionagetätigkeit darstellen würden. Aber Schäfer wollte mehr, er wollte »Forscher«, »Überwacher«, »Ermittler« werden – und vor allem Hauptamtlicher mit sicherem Einkommen. Das aber lehnte der BND ab, einen Grund nennt die Akte nicht.

Nicht Schäfer also, sondern der BND zog sich zurück. Trotzdem hat seine Tochter Ingeburg aufs Ganze gesehen Recht: In der Bundesrepublik hat ihr Vater beruflich nie mehr richtig Fuß fassen können.

Für Klaus B. war mit dem Umzug der Stiefeltern das Familienleben erst einmal vorbei. Ein Jahr blieb er in Duderstadt, um seine Schreinerlehre zu beenden, solange wohnte er bei Bekannten von Schäfers. Die versorgten ihn mehr schlecht als recht, versuchten sein Kommen und Gehen zu kontrollieren und erreichten damit das Gegenteil. Der junge Bursche machte sich selbständig. Vielleicht war das Duderstädter Jahr das wildeste, freieste seines Lebens. Lachend erzählt Klaus B. der Journalistin, wie er abends das schlechte Essen ins Klo schüttete, über eine Strickleiter nach draußen kletterte und mit seinen Freunden um die Häuser zog. In dieser Zeit hatte er eine erste Freundin, ging oft ins Kino und entdeckte seine Liebe zum Jazz.

Dann war die Gesellenprüfung bestanden, er wurde nicht weiterbeschäftigt und Schäfers beorderten ihn nach Köln. Zwei Jahre lebte er noch einmal unter ihrem Dach. Er lernte Ingeburgs reichen Verlobten kennen, der seine künftigen Schwäger mit seinem Sportwagen beeindrucken wollte. Er hatte einen Arbeitsunfall und verlor einen halben Finger. Er trieb sich mit seiner »Gang« herum, die sich mit einer Nachbar-»Gang« bekriegte. Dann verschafften die Schäfers ihm eine Stelle in Süddeutschland und schubsten den Neunzehnjährigen aus dem Nest.

Seitdem hatte Klaus B. kaum noch Kontakt zu der Familie, in der er aufgewachsen war. Ein paar Jahre lang schickten die Stiefeltern Weihnachtspäckchen und Briefe, die Klaus B. nach dem Lesen gleich zerriss. Ein paarmal besuchten sie ihn – wenn sie gerade in der Gegend waren. Zu seiner Hochzeit mit Sonja (1964) kamen sie schon nicht mehr. Vielleicht war das besser so, kommentiert Klaus B. Die beiden Familien hätten nicht zueinander gepasst.

Auch die Verbindung zu den Stiefgeschwistern verlor sich allmählich. Anfangs wurde noch telefoniert, aber Ingeburgs Einladungen zu Familienfesten folgte Klaus B. bald nicht mehr. Er hatte das Gefühl, nicht in diese Kreise hineinzupassen. Nicht dazuzugehören. Nur die Verbindung zu Volker blieb stabil. Doch seit der Entdeckung der polnischen Herkunft ist sie schwierig geworden. Klaus B. wünscht sich, dass der Stiefbruder einmal nachfragt. Aber Volker fragt nicht, er will die alten Zeiten ruhen lassen. Und ungefragt mag Klaus B. nicht von den neuen Entdeckungen berichten.

»Du warst das Wichtigste«: Noch mehr Post aus Jarocin

Seit Barbara, seine Schwester geschrieben hat, erlebt Klaus B. ein Wechselbad der Gefühle. Mal ist er neugierig und glücklich, dann wieder ängstlich und besorgt. Mal probiert er Neues aus und meldet sich am Telefon mit »Czesław«, dann wieder wünscht er sich, er hätte alles so gelassen wie es war.

Dieses Hin und Her blockiert ihn, und so schiebt er den versprochenen langen Brief an Barbara immer wieder hinaus. Eines Abends fasst er sich ein Herz und ruft ihren Schwiegersohn an, den einzigen in der Familie, der deutsch spricht. Leider versteht er den jungen Mann kaum, vielleicht wegen seines Akzents, vielleicht ist die Handy-Verbindung schuld. Ein ernüchterndes Erlebnis. Danach gibt es kein Pardon mehr, und plötzlich fällt ihm das Schreiben leichter als gedacht. Er erzählt, wie er aufgewachsen ist, ohne etwas Schlechtes über die Stiefeltern zu sagen. Er legt den ersten Lebenslauf dazu, den man ihm bei der Schulentlassung diktiert hat und der beweist, wie sehr seine Biografie gefälscht wurde. Er erklärt, warum er keine Kinder hat und wie die Suche nach seinen Wurzeln in Gang gekommen ist. Er sucht Fotos heraus, von heute und von früher, von sich und von

Sonja, von den Stiefeltern und den Stiefgeschwistern. Und er schlägt einen Besuch vor, wenn es ihm gesundheitlich wieder besser geht.

Seine Schwester reagiert sofort und lässt Krystian, ihren Schwiegersohn am Telefon fragen, wann Klaus B. nach Polen kommt. Aber so hat der seinen Vorschlag nicht gemeint. Bestimmt antwortet er: Er traue sich eine solche Reise nicht zu. Sie seien jünger, sie sollten sich auf den Weg nach Deutschland machen. Prompt gibt Krystian genauso direkt zurück, das könnten sie machen. Er sei ja erst dreißig. Also wird vereinbart, dass die drei Geschwister vor dem Winter kommen, um ihren Bruder kennenzulernen. Und Krystian wird auch dabei sein. Er kann nämlich nicht nur Deutsch, sondern hat auch ein Auto.

Das wird aufregend, erzählt Klaus B. der Journalistin am Telefon. Wenn man in diesem Alter seinen Geschwistern zum ersten Mal begegnet, gehe das »ins Innere«. Das klingt besorgt und gleichzeitig erleichtert.

In der Zwischenzeit schickt Barbara Mitrenga einen weiteren Brief, in dem sie für ihren »lieben Bruder« all das aufgeschrieben hat, was sie über ihn weiß. Und nicht nur das. Als die Journalistin später eine Kopie bekommt, ist sie gerührt. In diesem Brief steckt so viel Anteilnahme, Verständnis, Liebe. Wenn das keine Basis für die erste Begegnung ist.

Detailliert schildert die Schwester, was sie zu Hause über Czesławas Entführung gehört hat.

Unser Großvater arbeitete bei der Post, sodass er viele Kontakte mit Menschen hatte. Er erfuhr, dass die

Deutschen werden die polnischen Kinder nehmen und bringen nach Deutschland. Er lief schnell nach Hause, um dich zu verstecken. Die Mutter war bei der Arbeit, du warst bei der Großmutter. Der Großvater vorbereitete eine Tasche mit zwei Kissen, machte ein Loch zum Atmen, legte dich rein und sagte dir, leise zu sein. Die Tasche hat er an einem Balken auf dem Dachboden aufgehängt, wo auch andere Sachen hingen. Die Deutschen suchten im ganzen Haus und gingen auf den Dachboden. Die Tasche hing bewegungslos, sodass sie dich nicht gefunden haben. Aber als Großvater mit den Deutschen die Treppe hinunterging, hat sich die Tasche bewegt – und das war eine Tragödie. Sie nahmen dich, und Großvater wurde geschlagen. Für die ganze Familie wurde das Leben sinnlos, denn du warst das Wichtigste. Deine Mutter wollte Selbstmord begehen, als sie von der Arbeit kam. Großvater fand sie auf dem Dachboden und rettete sie. Sie hatte einen Nervenzusammenbruch. Großvater hat ihr versprochen, dass er dich finden wird. Jetzt wissen wir, warum es so schwierig war – wegen deiner gefälschten Biografie.

In diesem Brief schreibt sie auch zum ersten Mal ein paar Sätze über Klaus B.s Vater:

Du bist wahrscheinlich neugierig, wer dein Vater war. Die Mutter und ihr Verlobter waren sehr verliebt, aber als sie schwanger wurde, stellte sich heraus, er ist ein Feigling. Er lief vor seiner Verantwortung fort – wir wis-

sen nicht wohin. Er lebte mit zwei Schwestern und den Eltern in der Nähe von unserem Haus. Er hieß J. oder so ähnlich, an den Namen kann ich mich nicht erinnern. Er arbeitete bei der Bahn. Unser Großvater und meine Mutter versuchten ihn zu finden, aber die Familie sagte nichts. Bis jetzt wissen wir nicht, was mit ihm passiert ist.

Und schließlich erzählt die Schwester von der Zeit nach dem Krieg: Marta, ihre Mutter, heiratete 1946 und bekam mit Wacław Jabłoński drei Kinder. Vor der Ehe hatte sie als Näherin gearbeitet, als die Kinder kamen, blieb sie zu Hause.

Die drei polnischen Geschwister Mitte der 1950er Jahre: Barbara, Jolanta, Andrzej

Sie war so fürsorglich und überängstlich, ich denke, es war ein Ergebnis deiner Entführung. Sie hatte immer Angst um uns.

Einundfünfzig Jahre dauerte die Ehe von Marta und Wacław. 1997 hatte Marta Jabłońska einen Schlaganfall, ein paar Wochen später starb sie, mit einundachtzig Jahren. Acht Monate später starb der vierundachtzigjährige Wacław Jabłoński aus »Sehnsucht nach ihr«, wie Barbara Mitrenga schreibt. Die beiden wohnten die ganze Zeit über in Rogoźno. Hier war Marta aufgewachsen, hier war Czesław zur Welt gekommen. Hier sind Marta und Wacław begraben. Und hier wohnen Jolanta Jabłońska und Andrzej Jabłoński bis heute.

Hätte Klaus B. früher nach seiner Mutter gesucht, überlegt die Journalistin, hätte er sie noch kennenlernen können. Sie ist alt geworden. Aber gab es eine reale Chance, sie zu finden? Während des Kalten Kriegs sicher nicht, zur Zeit der Brandt'schen Ostpolitik schon eher, vielleicht in den 1990er Jahren, als die Grenzen nach Polen geöffnet wurden. Hätte er in dieser Zeit eine Anfrage an den ITS geschickt, vorausgesetzt, er hätte gewusst, dass der für ihn die richtige Adresse ist – auf eine Antwort hätte er sehr lange warten müssen. Der ITS arbeitete damals im Schneckentempo. Das haben andere Lebensborn-Kinder bitter erfahren müssen.

Ein Stapel Dokumente: Die Kinderakte

Sieben Monate, nachdem die ITS-Mitarbeiter die Kinderakte in ihrem Archiv gefunden haben, bekommt Klaus B. eine Kopie. Endlich hat er schwarz auf weiß, was er bisher nur mündlich erfahren hat. Umgehend schickt er den kleinen Papierstapel an die Journalistin weiter. Die schiebt sofort alles andere beiseite und macht sich an die Lektüre.

Schon bei der ersten Durchsicht wird klar, dass sich die einunddreißig Seiten nicht selbst erklären. Manche Blätter stehen ohne jeden Kontext da, und oft bleibt schleierhaft, wer das jeweilige Dokument wann und zu welchem Zweck verfasst hat. Andere sind mit der Hand geschrieben und schwer zu entziffern – dazu noch in Englisch oder Französisch. Zum Glück hat Margret Schlenke in einem Begleitbrief das Wichtigste zusammengefasst. Einige Punkte sind schon bekannt, aber es gibt auch Neuigkeiten, kleine und große.

Ein Detail: Anhand der Papiere lässt sich nachverfolgen, wie der Name Czesław B. schrittweise »eingedeutscht« wurde. Aus Czesław wurde Cseslaus, später Claus und schließlich Klaus, mit K geschrieben. Die Schreibweise des polnischen Nachnamens wurde zuerst vereinfacht, dann durch einen häufigen deutschen Nachnamen ersetzt, wobei die beiden ersten Buchstaben erhalten bleiben. Wer diese Veränderungen mit dem Ziel der Identitätsfälschung vorgenommen hat, wird nicht klar. Vielleicht die »Rassenprüfer« des RuSHA (Rasse- und Siedlungshauptamt), vielleicht eine staatliche Institution, vielleicht der Lebensborn? Vermutlich alle zusammen.

Noch ein Detail: Klaus B.s polnische Familie hat zweimal einen Suchantrag gestellt, 1949 und 1962 noch einmal. Sie haben also jahrelang gehofft, dass der verschleppte Czesław gefunden wird. Er lebte in ihrem Gedächtnis weiter, er wurde vermisst und herbeigewünscht. Das muss tröstlich für Klaus B. sein … Die Originale dieser Anträge fehlen leider in der Kinderakte. Sie könnten vielleicht der Familienerinnerung, die Barbara Mitrenga überliefert hat, noch etwas hinzufügen.

Eine neue Spur: Bisher klafft zwischen Moment A (der Entführung) und Moment B (Entlassung aus dem Lebensborn-Heim) ein großes schwarzes Loch. In der Kinderakte gibt es zum ersten Mal einen Hinweis darauf, was mit dem Jungen in dieser Zeit geschehen ist. Man hat ihn nach Kalisch (heute Kalisz) gebracht, ins Gaukinderheim, an einen Ort, der bei der »Germanisierung« polnischer Kinder eine zentrale Rolle gespielt hat. Ob Czesław direkt, ohne Zwischenstation in einem anderen Heim, dorthin gekommen ist, darüber gibt es allerdings keine Informationen. Trotzdem: Das Gaukinderheim Kalisch ist ein Ansatzpunkt für neue Recherchen, in deutschen und polnischen Archiven, vor allem in Kalisz selbst.

Schließlich eine ungeheuerliche Entdeckung: 1949/50, schreibt Margret Schlenke in ihren Erläuterungen, wurde von der IRO, der International Refugee Organization, eine »Erfassungsaktion« durchgeführt – was darunter zu verstehen ist, erklärt Margret Schlenke leider nicht. Jedenfalls meldete damals das Kreisjugendamt Osterode am Harz einen Klaus B., geboren am 11. 8. 1939, als Pflegekind bei der Familie Hans Schäfer. Aber, schreibt Margret Schlenke knapp und nüchtern: »Man hat dieses Kind nicht mit dem vermissten polnischen Kind in Zusammenhang gebracht.«

Mit anderen Worten: Die IRO wusste 1949/50, wo und bei wem der mittlerweile zwölfjährige Klaus B. lebte und welches Jugendamt für ihn zuständig war. Sie wusste, dass die polnische Familie B. den verschleppten Czesław B. suchte.

Und sie wusste außerdem, dass Klaus B. und Czesław B. ein und dieselbe Person sind. Aber diese drei Informationen wurden nicht miteinander verknüpft! Also wurde Czesław nicht gefunden, geschweige denn zu seiner polnischen Familie zurückgebracht!

Wie konnte das geschehen?, fragt sich die Journalistin. Wer ist dafür verantwortlich? War es die IRO, die in den Nachkriegsjahren Hunderttausende »Displaced Persons« (DPs) betreute, Zwangsarbeiter und Flüchtlinge, Deportierte und Inhaftierte, Verschleppte und Geraubte – Menschen, die den Kontakt verloren hatten und nun nach Angehörigen suchten oder selbst gesucht wurden? Waren es überarbeitete, überforderte oder nachlässige Mitarbeiterinnen und Mitarbeiter, die manchmal nicht die einfachsten Hilfsmittel zur

Verfügung hatten, keine Schreibmaschine, kein Telefon? Waren es Sprachprobleme? Schließlich gingen Briefe und Dokumente zwischen dem Polnischem Roten Kreuz, diversen IRO-Büros in den westlichen Besatzungszonen und deutschen Behörden hin und her. War es der Kalte Krieg, der die Zusammenarbeit zwischen west- und osteuropäischen Institutionen erschwerte, behinderte, vielleicht torpedierte?

Als die Journalistin die Kopien zusammenlegt, ist ihr klar: Sie muss mit Margret Schlenke über die Dokumente sprechen. Sie möchte diese Akte Blatt für Blatt mit ihr studieren. Vielleicht lassen sich die offenen Fragen dann beantworten.

Besuch aus Polen

Er hebt die Hand und winkt. Der kleine Fiat entfernt sich langsam, vor der Kurve streckt Barbara den Arm weit aus dem Fenster und grüßt ein letztes Mal. Und Krystian hupt kurz. Jetzt haben die beiden zehn Stunden Fahrt vor sich. Für ihn wäre das eine Tortur, in dem kleinen Auto. Obwohl es kalt ist, bleibt er noch einen Moment auf dem Bürgersteig stehen und schaut die leere Straße hinunter.

War das ein Abschied! Immer wieder hatte die Schwester ihn an sich gedrückt, seine Wangen geküsst, ihre Tränen abgewischt. Und dabei ununterbrochen geredet, auf Polnisch natürlich. Krystian hatte nicht die geringste Chance, den Wortschwall seiner Schwiegermutter zu übersetzen.

Langsam geht er ins Haus und steigt die Treppe hoch. Beim Aufschließen hört er Sonja in der Küche wirtschaften. Sie hat sich wirklich viel Arbeit gemacht. Am nächsten Wochenende bleibt die Küche kalt, beschließt er, da werden sie essen gehen. Gut, dass nicht alle drei Geschwister gekommen sind, sondern nur Barbara und ihr Schwiegersohn. Der hatte schon genug zu tun, als Chauffeur und Übersetzer. Spricht wirklich ganz gut Deutsch, dabei war er am Telefon kaum zu verstehen. Dass er in Erfurt neben der Arbeit so gut Deutsch gelernt hat … Nein, vier Leute zu Besuch, das wäre einfach zu viel für ihn gewesen. Das hätte er nicht verkraftet. Und dass er die beiden im Hotel untergebracht hat, war auch eine gute Idee. So hatte jeder ein bisschen Zeit für sich – und sie konnten trotzdem viele Stunden zusammen sein, zu Hause, im Restaurant, beim Spaziergang.

Ich muss mich hinlegen, sagt er Richtung Küche. Sonja nickt und guckt besorgt: Alles in Ordnung? Ja, ja, nickt er und schließt die Schlafzimmertür hinter sich.

Wie in einer Schneekugel ist er sich vorgekommen in den beiden letzten Tagen. Während die anderen um ihn herumwirbelten, konnte er nur dastehen, schauen und staunen. Ja, wie in einer Schneekugel … als Kind hätte er gerne eine gehabt.

Schon die Ankunft der beiden! Morgens um sechs waren sie in Jarocin gestartet und abends um neun immer noch nicht angekommen. Schließlich hatte er sich ins Auto gesetzt und war einfach herumgefahren, auf der Suche nach einem Wagen mit polnischem Kennzeichen. Nichts. Dann kam ein Anruf, sie waren in der Stadt, hatten aber keine Ahnung, in welcher Ecke sie gelandet waren. Er also wieder los, aufs Geratewohl. Und dann standen sie plötzlich da! Seine Schwester war aus dem Auto gesprungen und regelrecht über ihn hergefallen … Dabei waren sie fix und fertig und reif fürs Hotelbett. Aber sie wollte sich nicht trennen. Also hatten sie sich noch zusammengesetzt, sie ganz dicht neben ihm. Und immer wieder musste sie ihn umarmen und drücken. Obwohl sie sich noch gar nicht kannten.

Eine nette Frau ist sie. Modern. Gut angezogen und gut geschminkt. Eine richtige Dame. Aber sie raucht, ganz dünne Zigaretten, natürlich draußen auf dem Balkon. Krystian ist auch ein netter Kerl. Ein Familienmensch. War seit der Hochzeit vor neun Jahren jetzt das erste Mal von seiner Frau getrennt. Die beiden haben es auch nicht leicht. Er hat einen Posten in einer Turbinenfabrik und baut am Wochenende Möbel für ein Möbelhaus auf. Und seine Frau arbeitet auch. Eigentlich ist er Schreiner, Andrzej übrigens auch – drei Männer in der Familie mit demselben Beruf, komisch. Das Übersetzen hat gut geklappt … Trotzdem: dass man nicht direkt miteinander sprechen kann. Es gibt so viel zu fragen und zu bereden!

Er steht auf, er findet doch keine Ruhe. Der Abwasch ist erledigt, die Küche tipptopp aufgeräumt. Sonja sitzt mit einem Kaffee am Esstisch, die Fotos vor sich, die Barbara mitgebracht hat, und studiert ein grün-graues Blatt Papier. Seine Geburtsurkunde. Das glaubt ihm kein Mensch, dass er erst mit sechsundsiebzig ein solches Dokument bekommen hat. Ein polnisches natürlich. Lesen kann er allerdings nur »Czesław B.«, seinen polnischen Namen, den Namen seiner Mutter »Marta B.« und »Rogoźno«, den Namen seines Geburtsorts. Und die Zahlen natürlich. Der 11. Juni 1938 ist tatsächlich sein Geburtstag! Er ist also wirklich ein Jahr älter, als er sein Leben lang geglaubt hat.

Hier schau, Sonja B. tippt auf ein anderes Datum, 2. Juni 2014, da wurde die Urkunde ausgestellt. Jolanta ist also gleich zum Amt gelaufen, nachdem Barbara ihr alles erzählt hat, und hat eine Geburtsurkunde ausstellen lassen. Sie konnte es wohl nicht glauben, dass sie dich wiedergefunden haben. Es ist ja auch unglaublich … Sonja hat Tränen in den Augen.

Diese Urkunde ist das schönste Geschenk, das Jolanta

ihm machen konnte. Dazu noch der Bilderrahmen mit den Fotos, den sie Barbara mitgegeben hat.

Wie fandst du es, lenkt er ab. Er kann schlecht aushalten, wenn Sonja weint.

Schön, sagt sie nur, ich fand es schön. Und nach einer kleinen Pause: Es sind nette Leute. Und wie schick Barbara ist, man sieht ihr gar nicht an, dass sie schon fünfundsechzig ist. Und so herzlich. Sie hat überhaupt keine Angst, ihre Gefühle zu zeigen.

Ja, sie hat viel geweint, nickt er. Ein paarmal war er selbst kurz davor. Als Barbara zum Beispiel erzählt hat, dass sie der Mutter ein Foto von Czesław in den Sarg gelegt haben.

Aber sie kann auch richtig lachen, strahlt Sonja. Und wie sie plötzlich aufgesprungen ist und mit dir getanzt hat. Sie hatte so einen Spaß!

Darauf hätte er lieber verzichtet, aber was tut man nicht alles für eine neue Schwester. Er war so gierig auf die Geschichten, die sie erzählt hat, er konnte nicht genug davon bekommen. Und bei jeder einzelnen hatte er sich gefragt: Welchen Platz hättest du darin eingenommen? Wie hätte dein Leben ausgesehen, wenn du nicht verschleppt worden wärst? Mit der Mutter, mit ihrem Mann, mit den drei Geschwistern …

Wollen wir mal aufschreiben, wer alles zu deiner polnischen Familie gehört, schlägt Sonja vor und rückt ein paar Blätter zurecht. Also erst mal deine Mutter, Marta. Das schreiben sie ohne h. Verheiratet war sie mit Waszław Jabłoński. Dann ihre drei Kinder – Sonja zieht energisch drei senkrechte Striche und beginnt in der Mitte. Barbara – ihr Mann heißt Henryk. Sie haben zwei Töchter. Wie heißen die eigentlich?

Er hebt die Schultern, das weiß er auch nicht.

Die eine ist mit Krystian verheiratet, macht Sonja weiter, wirklich ein netter Kerl. Die beiden haben zwei Buben, einen größeren und den kleinen Jan, der so viel Unsinn macht.

Ihm schwirrt der Kopf von all den Namen und Menschen. Jetzt hat er drei Familien …

Jolanta, schreibt Sonja ganz rechts auf ihr Blatt. Das ist deine zweite Schwester. Sie hat keine Kinder, und ihr Mann ist tot, oder?

Er nickt nur.

Aber sie hat einen Freund, das hat Sonja behalten. Dann Andrzej, fährt sie fort, er ist der Älteste von deinen Geschwistern. Wie viele Kinder hat der? Hat Barbara das überhaupt erzählt? Sie schaut kurz auf, wartet seine Reaktion aber nicht ab …

Dass Andrzej Schreiner ist und einen Finger verloren hat wie er, das hat er behalten. Aber das gehört wohl nicht in Sonjas Familienskizze.

Jetzt die Großeltern, Jan und Pelagia …

Können wir das nicht morgen machen, Sonja? Er kann einfach nicht mehr zuhören. Er ist erschöpft. Doch, er ist auch glücklich. Aber vor allem erschöpft.

Gut, dann morgen, Sonja legt das Blatt beiseite und schiebt die Fotos zusammen. Dann müssen wir auch aufschreiben, wer die Leute auf den Fotos sind. Ist es nicht schön, dass sie noch ein zweites Bild gefunden haben, auf dem du drauf bist, als kleiner Kerl?

Plötzlich schlägt ihre Stimmung um. Mit heftiger Geste breitet sie die Fotos wieder aus und zieht die Aufnahme heraus, die sie vor vielen Wochen vom ITS bekommen haben. Empört tippt sie mit dem Finger darauf: Damals haben sie uns gesagt, die Frau, die neben dem Mädchen und dir sitzt, wäre deine Mutter. Und jetzt erklärt Barbara uns, dass sie das gar nicht ist! Deine Mutter ist die zweite Frau von rechts! Sie haben uns eine falsche Auskunft gegeben!

Das muss er jetzt auch noch verkraften. Irgendeiner hat sich geirrt, und seitdem hat er jeden Tag zu einer fremden Frau »Guten Morgen, Mutter« gesagt. Sie ist gar nicht die Kesse, über die er sich so viele Gedanken gemacht hat, sondern die Zurückhaltende neben ihr! Eigentlich passt die auch besser zu ihm. Er muss lächeln, trotzdem.

Sonja schaut kurz hoch. Vielleicht haben sie noch mehr verwechselt, murmelt sie. Glaubst du wirklich, dass Barbara deine Schwester ist? Sie ist ganz anders als du, und sie sieht auch ganz anders aus.

Jetzt ist er empört. Natürlich ist Barbara seine Schwester. Wie kommt Sonja darauf? Sie hat einen anderen Vater, so einfach ist das. Außerdem sieht man auf den Fotos doch die Ähnlichkeit zwischen dem kleinen Czesław und ihm, dem erwachsenen Klaus.

Schon gut, ich meine nur, nickt Sonja. Aber zur Sicherheit könnte man doch eine DNA-Analyse machen lassen.

Er braucht diese Sicherheit nicht! Er ist sicher. Abgesehen davon, dass so ein Test sicher teuer ist.

Ach Czessi!, seufzt Sonja.

Das sagt sie jetzt öfter zu ihm. Seine polnischen Geschwister nennen ihn Klaus.

Wie geht man mit einer neuen Familie um?

Klaus B. nimmt seine Rolle ernst. Er ist jetzt – auch biologisch – Bruder, Onkel und Großonkel. Er habe jetzt drei Familien, erklärt er unüberhörbar stolz, als er der Journalistin am Telefon vom Besuch aus Polen erzählt. Die Stiefgeschwister, Sonjas Geschwister, die polnischen Geschwister.

Damit kommen allerdings auch neue Pflichten auf ihn zu. Und neue Probleme. Weihnachten ist nicht mehr weit, also wird er einige Karten nach Polen schicken. Und was ist mit Geschenken? Bis auf Barbara und ihren Schwiegersohn kennt er die Verwandten noch gar nicht. Vielleicht sollte er nur den Kindern etwas schenken. Geld wäre sicher am besten, aber wie viel? Er will weder knauserig wirken noch protzig. Sie sollen auf keinen Fall den Eindruck bekommen, er sei der reiche Onkel aus dem Westen, erklärt er der Journalistin.

Was sie dazu meine, fragt er. Aber in diesem Punkt ist sie keine große Hilfe.

Und dann unser Testament, berichtet er weiter. Muss das jetzt geändert werden? Sind die polnischen Geschwister erbberechtigt? Man könnte natürlich den Notar fragen, denkt er laut weiter. Aber vielleicht tritt man damit etwas los, was man gar nicht will …

Was seine Frau dazu sagt, fragt die Journalistin.

Sie sollten die Frage ruhen lassen. Zumal sie sich nicht vorstellen kann, dass die Verwandten aus Polen kommen und sagen, sie wollen etwas erben.

Und was meint er?

Eigentlich sei ihm egal, was passiert, wenn sie beide tot sind. Nach einer Pause korrigiert er sich: Wenn etwas übrig bleibt, sollte es jemand bekommen, den sie im Leben gernhatten.

Vermutlich, gibt die Journalistin zu bedenken, müsste er dann erst einmal nachweisen, dass er nicht Klaus B. aus Dresden ist, sondern aus Rogoźno stammt und ursprünglich Czesław B. war. Dafür sei die polnische Geburtsurkunde sicher wichtig. Ob er schon einmal überlegt habe, einen polnischen Pass zu beantragen? Für norwegische Lebensborn-Kinder, die im Krieg nach Deutschland verfrachtet wurden und das lange gar nicht wussten, sei heute die Staatsbürgerschaftsfrage wichtig. Im nächsten Moment beißt sie sich auf die Zunge. Muss sie sein Problempaket unbedingt vergrößern? Wirft ein Thema in die Debatte, von dem sie selbst keine Ahnung hat. Ist eine doppelte deutsch-polnische Staatsbürgerschaft überhaupt möglich?

Klaus B. übergeht die Frage einfach. Und als sich die Journalistin zum Schluss erkundigt, wann er denn zum Gegenbesuch nach Polen fahren will, wischt er die Frage mit einer saloppen Bemerkung beiseite. Barbara und Krystian waren doch gerade erst da!

Alptraum

Er ist nicht erleichtert, er ist nicht erlöst. Das zeigen seine Träume. Einer kommt immer wieder. Er befindet sich auf einem Dachboden, und dort sind Männer, vor denen er Angst hat. Böse Männer, die schwarz angezogen sind … An dieser Stelle wacht er jedes Mal auf. Dann muss er aufstehen, herumlaufen, seinen Puls kontrollieren. Warum träumt er vom Dachboden, von bösen Männern? Ist das Foto schuld, das Barbara mitgebracht hat?

Es zeigt eine dunkelbraun gestrichene Holztreppe, die zu einem Dachboden hinaufführt. Es ist nicht der Dachboden, auf dem er versteckt wurde, nicht die Treppe, die zu ihm hinaufführte. Die existiert nicht mehr, das Haus, aus dem er verschleppt wurde, ist abgerissen. Aber die Treppe sah genauso aus wie auf dem Foto, sagt seine Schwester, deshalb hat sie das Foto mitgebracht. Sie will, dass er sich erinnert. Aber das Foto lässt ihn kalt. Er kann sich nicht erinnern. Nur wenn er träumt, taucht eine Treppe auf, und ein Dachboden.

Kaum zu Hause angekommen, schreibt Barbara Mitrenga einen Brief.

> *Lieber Bruder und liebe Sonja, die ganze Zeit kann ich nicht glauben, dass wir getroffen haben! Ich schaue mir unsere Bilder an und kann nicht erwarten, wann wir uns in Polen treffen. Vielen Dank für den herzlichen Empfang und Gastfreundschaft. Die Zeit, die wir mit Euch verbracht haben, wird immer in meinem Herzen bleiben. Jeden Tag habe ich an dich gedacht. Und ich*

bin froh, dass du nach all den Schwierigkeiten, als du ein Kind warst, auf deinem Weg getroffen hast so eine wunderbare Frau wie Sonja. Sie ist so eine gute und sensible Frau. Ich hoffe, dass wir ganze Zeit in Kontakt bleiben (Telefon und Briefe). Vielen Dank für alle Dokumente, die du geschickt hast, und herzliche Grüße – Barbara und ganze Familie.

Sie lerne jeden Tag ein deutsches Wort, lässt Jolanta ihrem Bruder am Telefon ausrichten. In ein paar Jahren könne sie sich dann mit ihm unterhalten. Klaus und Sonja B. überlegen ihrerseits, ob sie einen Polnisch-Kurs in der Volkshochschule belegen sollen. Nein, meint er schließlich, das geht in ihre alten Köpfe nicht mehr rein. Und Sonja, sonst gerne für Neues zu haben, ist ganz seiner Meinung. Sie könnten die polnischen Wörter ja nicht einmal lesen. Schon die vielen Buchstaben mit Unter- und Oberstrichen …

Puzzlestück: Der Nürnberger Prozess gegen das Rasse- und Siedlungshauptamt SS (RuSHA)

Während Klaus B. Weihnachtsgrüße schreibt, sitzt die Journalistin im Archiv. Nicht seinetwegen. Diesmal geht es ihr um Ingrid von Oelhafen, ein Lebensborn-Kind mit einem vergleichbaren Schicksal.[21] Sie wurde 1942 aus Slowenien verschleppt und zwangsweise »eingedeutscht«. Denn auch dort gebe es »gutes Blut«, hatten die selbsternannten »Rassenspezialisten« der SS behauptet.

Ein paar Jahre nach dem Krieg erwähnten Zeugen im Nürnberger Prozess gegen das Rasse- und Siedlungshauptamt SS (1947/48) Ingrids ursprünglichen Namen Erika Matko. Diese Aussagen will sich die Journalistin genauer anschauen. Und da sie gerade Zeit hat, blättert sie die vielen Hundert Seiten des Prozessprotokolls ganz durch. Natürlich ist das mühsam, aber die alten bröckelnden Blätter geben ihr das Gefühl, als berühre sie die Vergangenheit.

»Case 8«, wie der RuSHA-Prozess vor dem amerikanischen Militärgericht genannt wurde, war eines von zwölf Verfahren, die auf den Nürnberger Prozess gegen die Hauptkriegsverbrecher folgten. Sie rückten Berufsgruppen (Ärzte,

Juristen, Industrielle etc.) und Institutionen des NS-Staates ins Zentrum, darunter auch das Rasse- und Siedlungshauptamt SS. Die Angeklagten, dreizehn Männer und eine Frau, hatten verantwortliche Positionen im RuSHA selbst inne oder beim Reichskommissar für die Festigung des deutschen Volkstums, bei der Volksdeutschen Mittelstelle, in der Einwanderer-Zentralstelle in Łodź/Litzmannstadt, beim Lebensborn. Bei Organisationen also, deren zentrale Aufgabe in der »rassischen« Kontrolle und Selektion der Bevölkerung bestand, in Deutschland, vor allem aber in den besetzten Ländern und besonders in Polen.

Über Hunderte von Seiten geht es in den Prozessprotokollen um Rassenprüfungen, um die Umsiedlung der Volksdeutschen, um die Deutsche Volksliste, um Plünderungen, um die Ermordung der Eliten, um Vermögensaneignung, um die »Judenfrage« … Und immer wieder um »kidnapping of children of foreign nationality«, um die Entführung ausländischer Kinder.

In den Verhören zu dieser Frage (und nicht nur zu dieser) wird verharmlost, bestritten, geleugnet. Und die Angeklagten widersprechen sich. Jeder versucht, der anderen Institution die Verantwortung zuzuschieben. Wer hat die Kinder überhaupt ausgewählt, waren es staatliche Stellen, war es das RuSHA? Wer hat die Namen der Kinder gefälscht – die Angeklagten sprechen verharmlosend von »Namens-Neugebung«? Wurden sie schon in Polen verändert oder erst in Deutschland? Die vier Lebensborn-Verantwortlichen bestreiten sogar, dass ihre Organisation irgendetwas mit dem Thema »Rasse« zu tun hatte – dabei ging es um nichts anderes als die »Rasse«! Gregor Ebner, der leitende Arzt, macht sich über Himmlers »Rassespleen« lustig, den man ihm aber habe ausreden können. Der Begriff »gutes Blut«, so Geschäftsführer Max Sollmann, meine lediglich »geistig«, »moralisch« und »körperlich sauber«. Und immer wieder betonen die vier Lebensborn-Angeklagten, die Polenkinder, die Jugoslawenkinder, die Tschechenkinder – Bezeichnungen, die im Prozess verwendet werden – seien »volksdeutsch«, »bindungslos« und »hilfsbedürftig« gewesen. Dazu schlecht ernährt, ungepflegt und in der Entwicklung »weitgehend zurückgeblieben«, deshalb habe man sich ihrer angenommen. Mit solchen Aussagen versuchen sie, den Lebensborn als karitative Organisation hinzustellen – und tatsächlich können sie die Nürnberger Richter überzeugen. Sie verurteilen Gregor Ebner, Max Sollmann und Günther Tesch lediglich wegen ihrer SS-Mitgliedschaft, Inge Viermetz wird freigesprochen. Das wirkt umso grotesker, als Dokumente und Zeugenaussagen eine andere Sprache sprechen. Verschleppte Kinder und sogar Lebensborn-Mitarbeiterinnen berichten von Kinderraub und gefälschten Identitäten.

Im letzten Drittel des Aktenstapels entdeckt die Journalistin, wonach sie sucht: den Namen Erika Matko, den ursprünglichen Namen von Ingrid von Oelhafen. Er steht auf einer Liste von Kindern, die von der Zeugin Maria Merkel zusammengestellt wurde. Die hatte die Lebensborn-Abteilung geleitet, die für die Vermittlung verschleppter Kinder in deutsche Pflegestellen zuständig war. Auf der Liste sind 55 Kinder mit Namen und Geburtsdatum aufgeführt, dazu der Name und die Adresse der deutschen Pflegestelle und das Datum der Vermittlung. Eine davon ist Erika Matko alias Ingrid von Oelhafen. »Erika Matko«, heißt es da, geboren am »11. 11. 1941«, vermittelt an »Oberst Hermann von Oelhafen, München, Gentzstr. 5«, und zwar am »3. 6. 1944«. Das alles weiß die Journalistin bereits, sie ist ein bisschen enttäuscht. Aber dann entdeckt sie beim Überfliegen der anderen Namen Klaus B. »B., Claus«, »6. 11. 38«, »Johannes Schaefer, Köslin-Pom. Muehlentorstr. 39«, »12. 4. 44«. Auch das sind keine Neuigkeiten, nur: Merkel hat Claus mit C geschrieben. Und das korrekte Geburtsjahr notiert, 1938. Tag und Monat sind allerdings vertauscht, ein Zahlendreher.

Der Fund verändert den Blick der Journalistin. Jetzt sucht sie nicht nur nach Erika Matko/Ingrid von Oelhafen, sondern auch nach Klaus B. Der zweite Treffer lässt nicht lange auf sich warten. Wieder eine Liste, 1944 zusammengestellt vom Berliner Verein, der Krankenversicherung der verschleppten Kinder. Auf zwei Seiten geht es um »Ost-Kinder«, die zum 1. 12. 1944 von der Krankenversicherung abgemeldet wurden. Und tatsächlich! An sechster Stelle der Liste steht:

»B. Claus, versichert ab 17. 2. 44, abgemeldet zum 31. 10. 44.«

Das stimmt zwar nicht eins zu eins mit den Dokumenten überein, die der ITS gefunden hat, bringt aber keine neuen Erkenntnisse. Erika Matko/Ingrid von Oelhafen ist Nummer 20 auf der Liste. Auch bei ihr gibt es keine neuen Informationen, außer dass sie – der Einfachheit halber? – hier als Ost-Kind geführt wird. Nach den Kategorien der »Rassenspezialisten« ist sie eigentlich ein S-O-Kind, ein Süd-Ost-Kind.

Hunderte Seiten weiter hat die Journalistin noch einmal Rechercheglück. Sie entdeckt eine eidesstattliche Erklärung, die im Prozess allerdings nicht vorgelegt wurde. Darin berichtet die Zeugin Maria-Martha Heinze-Wisswede, Sekretärin in der Abteilung, die mit der Vermittlung verschleppter Kinder an deutsche Pflegeeltern befasst war, detailliert von ihrer Arbeit. Sechs Punkte notiert sich die Journalistin:

Dass Heinze-Wisswede dreierlei Akten über die Kinder auf ihren Schreibtisch bekam: das Ergebnis der »Rassenprüfung«, Jugendamtsakten und die Erziehungsberichte.

Dass die Kinder in die »Rassenkategorien« dinarisch, westisch, ostisch oder nordisch einsortiert waren, auf Basis ihres Aussehens. Ob sie eine »deutsche Herkunft« hatten, darum habe sich niemand gekümmert, so Heinze-Wisswede.

Dass in den Akten manchmal die polnischen und die eingedeutschten Namen der Kinder standen. Aber nie die Namen der leiblichen Eltern.

Dass die Namen der Kinder zweimal geändert wurden, zum ersten Mal in Polen, zum zweiten Mal, wenn Pflegeeltern gefunden waren.

Dass man den Pflegeeltern die Erziehungsberichte vorlegte und dass sie Papiere für das Kind mit auf den Weg bekamen.

Dass die Pflegeeltern darüber informiert wurden, es könnten Angehörige auftauchen. In diesem Fall hätten sie das Kind zurückzugeben.

Aus diesen Unterlagen könnte man mehr über Czesław/Klaus und die Zeit erfahren, die zwischen Verschleppung und Übergabe an die Schäfers lag. Aber wo befinden sich die Akten, aus denen die Zeugin ihr Wissen bezogen hat? Im Bundesarchiv und beim ITS sind sie nicht. Vielleicht wurden sie am Kriegsende vernichtet? Auf dem Gelände des bayerischen Heims in Steinhöring, wo zuletzt auch die Lebensborn-Zentrale untergebracht war, haben tagelang Feuer gebrannt, das weiß die Journalistin von einer Zeitzeugin. Andere Zeitzeugen haben berichtet, amerikanische Besatzungssoldaten hätten Kisten mit Papieren in den Inn geworfen. Vielleicht sind Akten, die in Polen geschrieben wurden, heute noch dort und liegen in den Archiven von Warszawa, Łodź, Poznań?

Als man Heinze-Wisswede schließlich eine Kinder-Liste vorlegt, nennt sie die Namen, an die sie sich erinnert. Und an erster Stelle steht – Klaus B.! Über ihn berichtet sie:

> *Claus B., dieser Junge ist ungefähr 1938 geboren, kam aus dem Kinderheim Kalisch/Polen zum Lebensborn e. V. und wurde durch denselben an eine deutsche Familie vermittelt.*

Insgesamt bestätigt Heinze-Wisswede 26 Namen, die auf der Liste stehen. Klaus B. ist das jüngste Kind, dessen Steckbrief sie im Gedächtnis behalten hat. Erinnert sie sich deshalb an ihn? Vielleicht weiß sie nur über Kinder aus dem Heim in Kalisch genauer Bescheid? Erika Matko/Ingrid von Oelhafen, drei Jahre jünger als Klaus B., zuerst in einem Lager der Volksdeutschen Mittelstelle untergebracht und später im Lebensborn-Heim in Kohren-Sahlis, erwähnt sie jedenfalls nicht.

Auch hier: nichts Neues über Klaus B. Heinze-Wisswede liefert allerdings einige Informationen über das Heim in Kalisch, eine von Klaus B.s Stationen der Verschleppung:

Das Gaukinderheim Kalisch war kein SS-Heim, sondern ein staatliches Heim, arbeitete aber eng mit dem Lebensborn zusammen. Zum Beispiel in Sachen »Meldeamt«. In der ersten Zeit waren die Kalischer Kinder beim örtlichen Meldeamt polizeilich gemeldet. Ende 1942 wurde das geändert, das Heim bekam ein eigenes Meldeamt, damit Angehörige ihre Kinder nicht aufspüren konnten.

> *Hierdurch würde der beabsichtigte Zweck der Eindeutschung dieser Kinder gefährdet werden … Erziehungsschwierigkeiten, die durch Beeinflussung der Kinder seitens Verwandter oder alter Bekannter die Folge wären, müssen daher unter allen Umständen ausgeschaltet werden.*[22]

Gelegentlich reiste der Lebensborn-Jurist und Standesbeamte Erich Schulz nach Kalisch und griff in die Arbeit dieses Meldeamts ein. So wies er die Angestellte an, die ursprünglichen Namen der Kinder im Meldebuch des Heims auszuradieren und die neuen Namen darüberzuschreiben.

Auch in der Psyche der Mädchen und Jungen wurde »radiert«. Offiziell hieß es, in der Zeit, die die Kinder im Heim verbrachten, werde ihre »Erziehungs- und Bildungsfähigkeit« überprüft. Im Klartext bedeutete das: Sie wurden umgepolt, mussten sich anpassen, unterordnen und vor allem deutsch sprechen. Schließlich wurde ein psychologisches Gutachten erstellt, und die Heimleiterin schrieb einen Erziehungsbericht. Auf dieser Grundlage fiel die endgültige Entscheidung über die »Eindeutschung«. War das Kind »wertvoll« genug, kam es zum Lebensborn bzw. in eine »Deutsche Heimschule«, wenn nicht, schickte man es zurück.

Danach muss Klaus B. zweimal »positiv« begutachtet worden sein. Sonst hätte ihn der Lebensborn nicht genommen.

Die Journalistin ist zufrieden. Die Durchsicht der vielen Hundert Protokollseiten hat sich gelohnt. Nicht für die Recherchen über Erika Matko/Ingrid von Oelhafen, aber sie hat weitere Spuren von Klaus B. entdeckt. Und weitere Hinweise, in welche Richtung sie ihre Recherche fortsetzen kann. Das Kinderheim Kalisch hatte ein eigenes Meldeamt und damit ein eigenes Meldebuch. Darin muss Klaus B. verzeichnet sein, die deutsche Bürokratie war auch in Kriegszeiten überaus gründlich. Ob dieses Buch noch existiert? Wenn ja, wo mag es liegen?

Vielleicht gibt es auch noch die Gutachten, die über Klaus B. geschrieben wurden. Daraus lässt sich vielleicht ablesen, wie es ihm im Heim ergangen ist, ob er sich angepasst oder ob er sich gewehrt hat …

Fährt er? Fährt er nicht? Zweites Treffen mit Klaus B.

Die Journalistin macht sich auf den Weg zu Klaus B. Sie will ihm die Passagen aus dem RuSHA-Prozess zeigen, in denen sein Name auftaucht. Und sie ist neugierig auf die Fotos von seiner polnischen Familie. Vielleicht findet sie dabei auch heraus, warum er nicht längst nach Polen gefahren ist, um seinen Geburtsort zu sehen, die beiden anderen Geschwister kennenzulernen, das Grab seiner Mutter zu besuchen. Wäre sie an seiner Stelle, sie hätte sich längst auf den Weg gemacht …

Natürlich lässt Klaus B. es sich nicht nehmen, sie wieder vom Bahnhof abzuholen. Und natürlich fängt er sofort an, vom polnischen Besuch zu erzählen. Wie herzlich Barbara ist, wie Krystian mit dem Übersetzen kaum nachkam, wie die beiden sich in der Stadt verirrt haben … Zu Hause hat seine Frau schon die Briefe zurechtgelegt, die in den letzten Wochen aus Polen gekommen sind. Die müsse sich die Journalistin unbedingt als Erstes anschauen, drängt sie. Die beiden Schwestern haben Weihnachtskarten geschickt. Ein bisschen kitschig, findet Sonja B., so viel Glitzer und Gold. »Drogi Klausi, Czesław« »Lieber Klaus, Czesław« – so beginnt Jolantas Brief. Sie hat ihn auf Polnisch geschrieben, und Klaus B. ist sofort losgefahren, damit ihm die hilfsbereite Krankenschwester den Text übersetzt. Barbara dagegen hat sich die Mühe gemacht und jedes Wort aus dem Wörterbuch herausgesucht, um einen deutschen Text zustande zu bringen. Eigentlich müssten sie sich auch ein polnisches Wörterbuch kaufen, meint Klaus B. bewundernd. Manchmal klinge der Text allerdings ziemlich komisch, lacht seine Frau. Aber man könne alles verstehen. Barbara Mitrenga hat noch etwas »Komisches« getan: Sie hat eine gesegnete Hostie in ihren Weihnachtsbrief gelegt. Es sei bei ihnen Tradition, sie am Heiligen Abend miteinander zu teilen. »Das wollen wir auch mit euch machen,« hat sie dazu geschrieben. »Meine Gedanken sind mit euch jeden Tag«. Aber Klaus B. wollte nicht. Er sei doch evangelisch, meint er nüchtern.

Nach der Weihnachtspost sind die Fotos an der Reihe. Klaus B. breitet sie nebeneinander auf dem Tisch aus und entschuldigt sich. Leider könne er nicht viel dazu sagen, in den stürmischen Besuchstagen seien die Erläuterungen seiner Schwester einfach untergegangen.

Also nimmt sich die Journalistin zuerst ein selbsterklärendes Bild: Marta und Wacław Jabłoński als Brautpaar. Er im Smoking mit weißer Fliege und weißer Schleife am Revers, sie in Weiß mit Schleier und Nelkenstrauß. Der war 1946 in Polen sicher nicht leicht zu bekommen. Marta war damals dreißig, seit Czesławs Geburt waren acht Jahre vergangen. Auf diesem Foto ist ihr Gesicht gut zu erkennen: ein entschlossener Blick. Weiche Züge. Eine hohe Stirn. Blonde, lockige Haare. Hübsch sieht sie aus. Die Journalistin schaut zu ihrem Sohn. Der Schnitt des Gesichts, die hohe Stirn, das hat er wohl von ihr. Klaus B. freut sich.

Marta, die Mutter von Klaus B., und Wacław Jabłoński heiraten 1946

Das zweite Bild ist ein Passfoto von Marta, Mitte vierzig, Anfang fünfzig wird sie darauf sein. Das Entschlossene ist geblieben, aber jetzt ist der Mund angespannt und ein bisschen verkniffen. Die 1960er Jahre waren in Polen sicher nicht leicht: Es gärte in der Politik, die Versorgungslage war schwierig. Und die Kinder müssen im Teenageralter gewesen sein. Oder hat der Verlust ihres ersten Kindes diese Spuren hinterlassen? Vermutungen. Vielleicht plagten sie in diesem Moment einfach nur Kopfschmerzen.

Foto Nummer drei: Die Großeltern Pelagia und Jan bei ihrer Goldenen Hochzeit, eine große Fünfzig prangt unübersehbar im Hintergrund. Das Foto dürfte Ende der

1960er Jahre aufgenommen worden sein. Genau so hat sich die Journalistin den Mann vorgestellt, der seinen Enkel zuerst versteckt hat und später unbedingt zurückholen wollte. Breitschultrig, korrekt im grauen Zweireiher, kaum Haare, kleine runde Brille, Schnäuzer und dazu ein verschmitztes Lächeln. Und Pelagia passt zu ihm. Sie hat die vollen grauen Haare zum Knoten geschlungen, trägt ein kleines Schwarzes mit Spitzeneinsatz, hält den obligatorischen Nelkenstrauß auf dem Schoß. Und dazu ein winziges Lächeln mit einem Mundwinkel, mehr nicht.

Jan und Pelagia B., die Großeltern von Klaus B., bei ihrer Goldenen Hochzeit, vermutlich Ende der1960er Jahre

Hier ist die Großmutter noch jünger – Klaus B. schiebt das nächste Foto über den Tisch. Sechs Personen vor einer halb geöffneten Haustür. Pelagia steht im Zentrum, eine resolute Frau, eine Hand in die Hüfte gestemmt, an der anderen ein Kind, einen drei- oder vierjährigen Jungen. Das ist ja Czesław! Es existiert also noch ein zweites Foto aus seinen ersten Lebensjahren, aus der Zeit, bevor er seiner Familie geraubt wurde!? Und das erwähnt er erst jetzt?

Kazimiera, Marta, Pelagia, Edmund und Barbara (von links) mit Czesław (vorn), 1942 oder 1943

Als ahnte sie etwas, hält Pelagia den Enkel fest an der Hand ... Ein niedlicher kleiner Kerl. Dünne Ärmchen, dünne Beinchen. Eine dunkle Hose bis zum Knie, weißes Hemdchen, Hosenträger – die Hose scheint auf Zuwachs gekauft. Hellblonder Pagenkopf. Vom Gesicht kann man nur wenig erkennen, er kneift die Augen zusammen. Und wer sind die vier anderen Personen auf dem Foto, will die Journalistin wissen. Meine Mutter, erklärt Klaus B. stolz und tippt auf die junge Frau in der zweiten Reihe. Marta, in dunklem Rock und geblümter Bluse mit kleiner schwarzer Schleife, hat die Haare nach hinten gesteckt und schaut gelassen vor sich hin. Sie wirkt zufrieden.

Ob er ihr eigentlich erzählt habe, schiebt Klaus B. dazwischen, dass der ITS ihm eine falsche Erklärung zum allerersten Foto geliefert hat? Ob er das Bild mit den jungen Frauen meint, auf dem auch Czesław abgebildet ist, fragt die Journalistin zurück. Klaus B. nickt. Seine Mutter sei nicht die erste Frau von rechts, die neben dem Mädchen sitzt, sondern die zweite. Und er hat wochenlang der Falschen »Guten Morgen« gewünscht.

Das darf nicht wahr sein! Die Journalistin ist sprachlos. So eine Schlamperei! Es ist das erste Bild von seiner Mutter, das Klaus B. in die Hand bekommen hat. Er hat es immer wieder angeschaut und sich damit auseinandergesetzt. Und nun muss seine polnische Schwester ihm erklären, dass es ein Irrtum war, dass eine andere Frau seine Mutter ist. Der Journalistin fällt nichts Tröstendes dazu ein.

Dann fragt sie noch einmal nach den anderen Personen auf dem Foto, das Pelagia mit Czesław an der Hand zeigt. Einen selbstbewussten jungen Mann mit Bürstenhaarschnitt, eine junge Frau im hellen Sommerkleid, ein blondes Mädchen mit einer dicken Zopfschleife … Vielleicht Martas Geschwister? Klaus B. weiß es nicht. Alle sind gut gekleidet. Kann man daraus schließen, dass es ihnen gut ging?

Das Foto muss – gemessen an Czesławs Alter – im Sommer 1941 oder 1942 entstanden sein, nach zwei bzw. drei Kriegs- und Besatzungsjahren. Oder hat sich die Familie nur für den Fotografen fein gemacht?

Als Letztes präsentiert Klaus B. seine Geburtsurkunde und die Sterbeurkunde seiner Mutter, die Barbara Mitrenga aus Polen mitgebracht hat. Er hat sie nicht übersetzen lassen. Nicht nötig, findet er, das Wichtigste sei ja klar: sein tatsächliches Geburtsdatum, der 11. Juni 1938, der Name seiner Mutter, der lange Strich in der Rubrik Vater. Mehr müsse er nicht wissen.

Und was ist mit der Sterbeurkunde, will er die auch nicht übersetzen lassen?, fragt die Journalistin. Die gucke er sich lieber gar nicht an, wehrt er ab. Sonst plage ihn wieder der Gedanke, dass er seine Mutter vielleicht kennengelernt hätte, wenn er früher gesucht hätte. Die Journalistin nickt – und bittet dann trotzdem, ob sie einmal schauen könne? Der Blick lohnt sich tatsächlich. Denn unter *matka* – also Martas Mutter – entdeckt sie den Namen Anna Springer. Heißt das, Pelagia war gar nicht Martas Mutter, Martas Mutter war eine Anna Springer? Klaus B. hat es übersehen, und seine Schwester Barbara hat es nicht erwähnt, da ist er sicher. Anna Springer – der Name klingt nicht polnisch, sondern deutsch. War Martas Mutter vielleicht eine »Volksdeutsche«, spekuliert die Journalistin laut. Hatte Czesław damit »deutsche Wurzeln«? Vielleicht wussten die selbsternannten »Rassenspezialisten« das und haben ihn nicht nur wegen »blond« und »blauäugig« einkassiert? Dann fällt ihr ein, dass eine Zeugin im RuSHA-Prozess ausgesagt hat, um die Herkunft der verschleppten Kinder habe man sich damals nicht gekümmert …

Ob er sich im nächsten Brief an seine Schwester einmal nach Anna Springer erkundigen könne, bittet die Journalistin. Klaus B. seufzt. Oder er frage einfach, wenn er nach Polen fahre, um seine Verwandten zu besuchen.

Da wehrt Klaus B. heftig ab. Alle glaubten, dass er jetzt unbedingt seine Heimat sehen wolle. Wo er geboren ist und wo er verschleppt wurde, wo seine Mutter gewohnt hat und wo sie begraben ist. Aber so ein Besuch sei eine emotionale Sache, und deshalb traue er sich die Reise nicht zu. Die vielen Menschen, die vielen Orte, die vielen Geschichten. Und alles ist fremd, von der Sprache bis zum Geld. Als er im Krankenhaus war, habe sein Herz jedes Mal angefangen zu rasen, wenn er darüber nachdachte. Und wenn ihm so etwas in Polen passiere? Ja, wenn er jünger wäre. Und keine Probleme mit der Gesundheit hätte … Seine Geschwister seien zehn, zwölf Jahre jünger als er, erklärt er entschieden. Sie sollen nach Deutschland kommen und ihn besuchen.

Aber der Ort, das Haus, das Grab, wendet die Journalistin ein. Ja, das alles würde er gerne sehen, sagt er, plötzlich leise. Aber er habe einfach Angst. Dass er das nicht aushalte. Dass er am Grab seiner Mutter zusammenbreche … Nach einer Pause wechselt er noch einmal in den entschiedenen Ton. Er wisse am besten, was er sich zutrauen könne. Und da lasse er sich auch nicht reinreden, von niemandem. Er schaut zu seiner Frau – und die nickt.

Und wenn sie nach Rogoźno und Jarocin fahren würde, schlägt die Journalistin vorsichtig vor, seine Verwandten besuchen und … Bevor sie den Satz zu Ende gesprochen hat, nickt Klaus B. und wirkt mit einem Mal erleichtert. Ja, sie soll nur fahren. Dann kann sie ihm hinterher alles erzählen.

Und dann feuern die beiden eine Frage nach der anderen ab: Wie sie in Polen zurechtkommen will, ohne die Sprache zu können? Eine Dolmetscherin mitnehmen. Wie sie fahren will? Mit dem Auto, dann könne sie beide Orte – Jarocin, wo Barbara wohne, und Rogoźno – an einem Wochenende besuchen. Ob sie schon einmal mit dem Auto in Polen war? Sie nickt. Ob das nicht kompliziert ist? Nein, keine Grenzkontrollen, neue Autobahnen, gute Überlandstraßen. Wie bezahlt man das Hotel? Das Benzin? Muss man vorher Geld tauschen? Das geht alles mit Kreditkarte, ganz einfach. Klaus und Sonja B. nicken. Ganz einfach. Für sie nicht. Er hat ein krankes Herz. Polen ist ein sehr fremdes Land. Was dort auf sie zukommt, können sie nicht einschätzen. Zu Hause fühlen sie sich sicher, da haben sie die Situation im Griff. Aber dort?

Eine Reise nach Jarocin und Rogoźno

Krystian Andrzejewski, der Schwiegersohn von Barbara Mitrenga, ist der Einzige in der polnischen Familie, der eine Mail-Adresse hat und deutsch spricht. Die Verabredung läuft also über ihn. Aber er lässt sich Zeit, findet die Journalistin. Als er endlich auf ihre Anfrage antwortet, schämt sie sich wegen ihrer Ungeduld: Eine solche Einladung hat sie noch nie bekommen.

> *Meine Schwiegermutter,* schreibt er, *erwartet die Ankunft der geehrten Gäste. Ich habe Jolanta gesagt, dass wir nochmal die Archive in Rogoźno genauer untersuchen sollten. Das Gebäude, in dem Czesław wohnte, wird heute von Jolanta bewohnt. Der Ort, an dem er versteckt war, ist auch noch zu sehen. Die Geschwister werden Ihnen alles erzählen, woran sie sich erinnern. Wir heißen Sie willkommen.*

Bessere Aussichten kann sich die Journalistin nicht wünschen. Zumal ihre Kollegin Katrin Lechler, die polnisch spricht und das Land gut kennt, sie begleiten und vor den schlimmsten Fettnäpfchen bewahren wird. Zum Beispiel ohne Blumenstrauß anklopfen, einfach unmöglich. Sie selbst wäre nicht auf die Idee gekommen, Blumen gehören normalerweise nicht zu ihrer Interview-Ausrüstung.

Aber an diesem Nachmittag findet auch kein normales Interview statt. Der Teil von Klaus B.s Familie, der in Jarocin lebt, hat sich beinahe vollständig in Barbara Mitrengas Wohnzimmer versammelt und nimmt die »geehrten Gäste« umgehend in seine Mitte auf, inklusive jede Menge Körperkontakt. Neben Barbara Mitrenga – schrecklich aufgeregt, die ganze Nacht hat sie nicht geschlafen, erzählt sie gleich – sitzt Henryk, ihr Mann. Gegenüber Agnieszka, ihre ältere Tochter, später kommt auch die jüngere, die wie ihre Großmutter heißt – Marta. Ihr großer Sohn, der neunjährige Krzysztof, hockt von Anfang an dabei und sperrt die Ohren auf. Er ist unübersehbar der Liebling seiner Oma, die ihn streichelt und küsst, sobald er in ihre Nähe kommt. Irgendwann erklärt er, er werde in der Schule ein Referat über den Besuch aus Deutschland halten. Auch Sandra, eine von Agnieszkas Töchtern, schaut kurz vorbei, zeigt ihre neu erstandene Jeans und nimmt dabei den Besuch in Augenschein. Und später kommt Krystian Andrzejewski. Er musste noch bis sechzehn Uhr arbeiten.

Und wie interviewt man so viele Personen? Die Journalistin konzentriert sich auf Barbara Mitrenga. Die weiß am besten Bescheid, weil ihre Mutter häufig mit ihr über früher gesprochen hat. Aber kaum hat sie zwei, drei Sätze lang geantwortet, kommen Stimmen aus allen Richtungen, es wird diskutiert, Barbara Mitrenga übernimmt wieder, schließlich reden alle durcheinander … Wenn es so weit gekommen ist, fühlen sich Polen richtig wohl, erklärt die Dolmetscherin lachend. Der deutschen Journalistin ist das zu chaotisch. Zumal zwischendurch Handys klingeln, Barbara und Agnieszka zum Rauchen in die Küche verschwinden und gegessen wird. Ein umfangreiches Mittagessen, eine üppige Kaffee- und Kuchentafel, ein deftiges Abendbrot. Zum Glück ist ein Spaziergang dazwischengeschaltet, um den Gästen die Sehenswürdigkeiten von Jarocin zu zeigen.

In diesem lebhaften Mit- und Durcheinander werden Geschichten von früher und heute erzählt, alte und nicht ganz so alte Fotos herumgezeigt und kommentiert. Schließlich zeichnet Agnieszka einen Stammbaum, damit die Journalistin die vielen Personen richtig zuordnen kann. So entsteht langsam ein Bild von Klaus B.s polnischer Familie – vor allem von seiner Mutter.

Marta war die Älteste und kam 1916 auf die Welt. Jan, ihr Vater, arbeitete bei der Post, er war ein gebildeter Mann und half vielen Leuten bei schriftlichen Angelegenheiten. Anna, ihre Mutter, war eine geborene Springer – was es mit dem deutsch klingenden Name auf sich hat, weiß leider niemand in der Runde. Sie starb bei ihrer zweiten Entbindung, einer Zwillingsgeburt, eins der Babys starb ebenfalls, nur Jadwiga überlebte. Später heiratete Jan zum zweiten Mal und bekam mit seiner Frau Pelagia drei weitere Kinder: Kazimiera, Edmund und Barbara. Damit hatte Marta vier jüngere Geschwister.

Nach der Schulzeit fing sie an, in einer Strickerei oder Näherei (man ist sich da nicht einig) in Rogoźno zu arbeiten. Die Firma gehörte einem Deutschen namens Weber – möglicherweise wurde dort deutsch gesprochen.

Marta B. an der Nähmaschine in der Stickerei Weber

Aus dieser Zeit existieren zwei Fotos, auf denen Marta mit Chef und Kolleginnen abgebildet ist. Auf dem ersten sitzt sie an einer Nähmaschine und sieht wie eine Fünfzehnjährige aus. Tatsächlich ist sie bereits zwanzig. Das zweite Foto kennt die Journalistin schon: Es zeigt neun junge Frauen, zwei Männer und ein Mädchen, das Czesław auf dem Schoß hält. Das sind also Martas Kolleginnen, und einer der Männer ist ihr Chef! Und wer ist das Mädchen? Das weiß Barbara Mitrenga nicht, aber Klaus B.s Frage, wer die vielen Frauen auf dem Foto sind, als er selbst noch »so klein« war, ist damit geklärt.

1937 verliebte Marta sich in einen Mann namens J., das ist ein Nachname, den Vornamen kennt Barbara Mitrenga nicht. Aber sie weiß, dass er Eisenbahner war und einen guten

Posten hatte. Die beiden gingen eine Beziehung ein, aber als Marta schwanger wurde, machte J. sich davon. »Ein Feigling«, wird Barbara Mitrenga nicht müde zu betonen. Und der Journalistin geht durch den Kopf: Wäre dieser J. nicht verschwunden, sondern hätte die Vaterrolle übernommen – Czesław wäre vermutlich nicht verschleppt worden. Kinder aus Familien mit Mutter und Vater hatten die »Rassenspezialisten« erst einmal nicht im Blick. Aber J. war fort, und seine Familie verriet nicht, wo er steckte. Also kam Czesław unehelich zur Welt. Ein Problem im katholischen Polen von 1938? Nein, erklärt die Runde unisono. Die Journalistin kann sich das nicht recht vorstellen. Wie auch immer: Czesław wurde in die Familie aufgenommen, und Großmutter Pelagia kümmerte sich, wenn Marta bei der Arbeit war.

Dann geschah die »Tragödie«. Obwohl sie die Geschichte schon kennt, bittet die Journalistin Barbara Mitrenga, sie noch einmal zu erzählen. Die zögert zuerst, es tut ihr weh, aber dann ist sie für die »geehrten Gäste« doch dazu bereit.

Czesław war damals vier Jahre alt, erzählt sie. Anzeichen, dass die Deutschen es auf ihn abgesehen hatten, gab es nicht. Marta war nicht wie andere Mütter oder Verwandte dazu aufgefordert worden, mit dem Jungen zu einer Untersuchung zu erscheinen. Aber als Großvater Jan von einer bevorstehenden Razzia hörte, ahnte er Schlimmes und versteckte den Enkel in einem Wäschesack, der auf dem Dachboden hing. Czesław – ein gehorsames und kluges Kind, wie seine Mutter später immer erzählte – hatte verstanden, worauf es ankommt. Er wusste, dass er sich nicht bewegen durfte. Aber er schaffte es nicht, lange genug still zu halten. Er wurde entdeckt und mitgenommen. Und Großvater Jan bekam Prügel. Weil er den Jungen versteckt hatte, vielleicht auch, weil er ein selbstbewusster Pole war. Ihr Großvater habe immer betont, erinnert sich Barbara Mitrenga, er sei Pole und bleibe Pole. Später findet die Journalistin dafür eine Bestätigung: Der Name Jan B. taucht in der Deutschen Volksliste nicht auf. Er sollte und wollte also nicht »eingedeutscht« werden.

Noch ein zweites Mal griff die Besatzungsmacht in das Leben von Czesławs Mutter ein, erzählt Barbara Mitrenga. Im letzten Kriegsjahr musste sie Panzergräben ausheben. Eine Schwerarbeit, die sie krank machte. Bis zu diesem Zeitpunkt war sie der Zwangsarbeit entgangen, vermutlich weil sie bei einer deutschen Firma beschäftigt war. Waczław, ihr späterer Mann, schon 1939 in deutsche Kriegsgefangenschaft geraten, musste fünf Jahre auf einem Bauernhof in der Nähe von Stettin schuften.

Nach Czesławs Verschwinden brach Marta zusammen. Lange war sie suizidgefährdet. Erst mithilfe einer Therapie kam sie langsam wieder ins Gleichgewicht. Unterdessen suchte die Familie nach Czesław. Am Anfang hofften sie noch, den Jungen aufzuspüren, ehe er nach Deutschland verfrachtet wurde. Vergebens. 1949 stellten sie dann – das weiß die Journalistin schon – einen Suchantrag beim Polnischen Roten Kreuz, Anfang der 1960er Jahre den zweiten, wieder ohne Erfolg. Damals sagte man ihnen, Czesław sei wahrscheinlich aus Sehnsucht gestorben. Eine Notlüge, glaubt Barbara Mitrenga, damit ihre Mutter sich damit abfindet, dass der Junge nicht wiederkommt. Aber das konnte Marta nicht. Sie hat immer von ihrem ersten Kind gesprochen, sein Verlust blieb ihr großer Schmerz.

Nach dem Krieg änderten sich die Lebensverhältnisse der B.s. Großvater Jan sollte die »wiedergewonnenen Gebiete« besiedeln, wie man in Polen sagt, also die Landesteile, die einmal zu Deutschland, einmal zu Polen gehört hatten und nun wieder polnisch wurden. Also fuhr er kreuz und quer durch Niederschlesien, auf der Suche nach einer passenden Bleibe. In Bolesławiec/Bunzlau wurde er fündig und zog mit seiner Frau und den drei jüngeren Kindern dorthin. Jadwiga B. ging nach Wrocław/Breslau. Marta B. blieb als einzige in Rogoźno und übernahm mit Waczław Jabłoński die Wohnung, in der zuvor die ganze Familie gelebt hatte. Hier verbrachten die beiden ihr ganzes Leben, hier wurden ihre drei Kinder groß, hier hätte auch Czesław aufwachsen können. Heute wohnt Jolanta Jabłońska dort, seine jüngste Schwester.

Mit Jolanta ist die Journalistin am nächsten Tag verabredet, und Barbara Mitrenga, ihre Tochter Marta, Schwiegersohn Krystian und Lieblingsenkel Krzysztof Andrzejewski kommen auch nach Rogoźno. Diesmal geht es es ruhiger zu, alle sind ein wenig erschöpft von der gestrigen Begegnung. Außerdem bietet die große Altbauwohnung mehr Raum als die Plattenbau-Etage von Barbara und Henryk Mitrenga, so komfortabel sie auch sonst ist.

Jolanta Jabłońska, die neben ihrer eleganten Schwester bodenständiger wirkt, hat in der Wohnung vieles so gelassen, wie es bei ihren Eltern war. Die Frisierkommode der Mutter steht noch an ihrem Platz, der große Kachelofen versieht unverdrossen seinen Dienst – es ist fast so, als wären Marta und Waczław noch da. Sie sind da, erklärt Jolanta, springt auf, schiebt die Glasscheibe der Vitrine beiseite, nimmt ein Foto von Marta heraus, das an eine Bücherreihe gelehnt dort steht, und erzählt: Ostern ist ein Brief von Klaus B. gekommen, und während sie ihn öffnete, fiel das Foto in der Vitrine um. Ein Luftzug konnte nicht schuld sein, die Vitrine war geschlossen, außerdem steht das Foto seit Jahren an seinem Platz und ist noch nie umgefallen. Es müssen übernatürliche Kräfte gewesen sein, erklärt Jolanta überzeugt. Klaus B. hatte in seinem Brief nämlich darum gebeten, Blumen für das Grab der Mutter zu kaufen. Barbara Mitrenga nickt und deutet auf ihren Unterarm: Wenn sie diese Geschichte hört, bekommt sie regelmäßig eine Gänsehaut. Glauben die beiden wirklich, dass Marta Verbindung mit dem verlorenen Sohn aufgenommen hat? Die Schwestern nicken.

Die Frage, ob sie jemals daran gezweifelt haben, dass Klaus B. ihr Bruder ist, braucht die Journalistin jetzt nicht mehr zu stellen.

Barbara Mitrenga und Jolanta Jabłońska erzählen, wie sie aufgewachsen sind. Und sofort sind sie mitten in einem typischen Schwesterngespräch: Die eine beginnt, die andere unterbricht sie, sie kichern, es folgt ein Dialog, sie lachen, reden weiter, durcheinander, gleichzeitig … Katrin Lechler kommt mit dem Übersetzen kaum nach. Aber so viel versteht die Journalistin: Andrzej, der Älteste, war Martas Augapfel. Sie hatte immer Angst, es könne ihm etwas passieren. Als Vierjähriger hat er einmal einen Schluck Heizöl getrunken. Daran wäre er beinahe gestorben, Marta ist fast verrückt geworden. Die Angst, noch einmal ein Kind in diesem Alter zu verlieren, hat sie nie losgelassen. Auch gegenüber den Töchtern war sie überbesorgt und extrem fürsorglich. Keins ihrer Kinder durfte ins Ferienlager fahren – viel zu gefährlich. Auch Schulausflüge kamen nicht in Frage. Wenn sie als Teenager abends unterwegs waren, hat Marta immer auf sie gewartet, es mochte noch so spät sein. Als Andrzej zum Militär musste, hat sie in diesen beiden Jahren sehr viel geweint. Später, als die drei schon berufstätig waren, brachte sie es fertig, ihnen das vergessene Pausenbrot hinterherzutragen. Und wenn Andrzej, längst verheiratet, einmal nicht bei der Arbeit war, schickte Marta Jolanta am Abend los, damit sie schaut, was los ist.

Man könnte sich davon erdrückt fühlen, aber die beiden Schwestern erklären wie aus einem Munde: Marta war eine gute Mutter. Sie haben sie geliebt – und sie wussten, warum sie so war. Und du, lacht Marta zwei und schaut zu ihrer Mutter Barbara, bist genauso überfürsorglich und behütend wie sie. Und ich wäre genauso, wenn Krystian nicht gegensteuern würde … Auch das sind Spuren, die Czesławs Verschleppung in der Familie hinterlassen hat.

Plötzlich schlägt sich Jolanta an die Stirn: Jetzt hätte sie fast die Broschüre vergessen, die sie für die Journalistin besorgt hat, ein »Kalendarium« über die Geschichte von Rogoźno. Sie holt das kleine Heft, die Journalistin blättert es rasch durch. Neun eng bedruckte Seiten berichten über die Zeit der deutschen Besatzung, natürlich auf Polnisch. Sie wird Katrin Lechler später um die Übersetzung bitten, so lange muss sie sich wohl gedulden. Aber was für ein Geschenk!

Umständlich berichtet Jolanta, wie sie zu der Broschüre gekommen ist. Sie war auf dem Amt, um eine Geburtsurkunde für Czesław zu besorgen. Natürlich musste sie dort die ganze Geschichte erzählen. Die Reaktion war überwältigend: Anteilnahme, Mitgefühl, Hilfsbereitschaft. Bei ihrem Hausarzt sei es übrigens genauso gewesen … Dann weiß also mittlerweile ganz Rogoźno Bescheid? Jolanta nickt strahlend.

Auf dem Amt schrieb man ihr auch die Adressen auf, wo Czesław einmal gewohnt hat. Natürlich hat sie gleich nachgeschaut: Zwei Häuser sind abgerissen, leider auch dasjenige, aus dem Czesław verschleppt wurde. Aber ein Haus steht noch, sie wird es ihnen später zeigen, verspricht Jolanta. Einen Tag später war sie dann im Museum, das hatte man ihr auf dem Amt geraten. Dort hatten sie zwar keine Dokumente von damals, aber die kleine Broschüre mit der Stadtgeschichte, die das Wichtigste zusammenfasst. Haben sie die Dokumente weitergegeben, in größere Archive, will die Journalistin wissen. Das kann Jolanta leider nicht sagen.

Nach dem (obligatorischen) Mittagsmahl fahren sie durch Rogoźno. In einer breiten Ausfallstraße stoppt Krystian Andrzejewski. Alle steigen aus und schauen sich um. Auf beiden Straßenseiten kleine ein- oder anderthalbgeschossige Häuser, dazwischen breite Hofeinfahrten mit großen, verschlossenen Toren. Hier stand das Haus, aus dem Czesław verschleppt wurde, zeigt Jolanta Jabłońska. Es sah genauso aus wie das Nachbargebäude. Ein Stockwerk auf Straßenniveau, darüber ein hohes Satteldach mit seitlichem Giebel, auf der Rückseite vermutlich Schuppen und ein Garten. Ein Landarbeiterhaus. Für die achtköpfige Familie B. dürfte es ziemlich eng gewesen sein.

Das Nachbarhaus, das heute noch so aussieht wie das Haus, aus dem Czesław verschleppt wurde

Während sie ein paar Fotos macht, stellt sich die Journalistin die Szene vor, als Czesław abtransportiert wurde. Die Nachbarn haben sicher etwas mitbekommen und standen hinter den Gardinen. Und Czesław? Weinte und schrie er, wehrte er sich und ließ sich ziehen? Wurde er hochgerissen, weggetragen? Und Jan, der Großvater? Lief er mit blutender Nase hinterher, während Pelagia versuchte, ihn zurückzuhalten? Außer den beiden war niemand zu Hause, Marta und ihre

Geschwister waren bei der Arbeit und in der Schule. Wurde Czesław in ein Auto bugsiert, trommelte von innen gegen die Scheiben und schrie? Das letzte Bild, das Jan und Pelagia von ihrem Enkel sahen, war vielleicht sein aufgerissener Mund und sein tränenverschmiertes Gesicht. Der einzige, der erzählen könnte, wie es tatsächlich war, hat keine Erinnerung daran.

Sie fahren zu einer zweiten Adresse. Sie heißt »Smolary«, bedeutet »Straße der Teerkocher« und verläuft parallel zur Wełna, dem kleinen Fluss im Norden von Rogoźno. Czesław hat sicher an seinem Ufer gespielt … Hier, erklärt Jolanta Jabłońska, wurde das Foto aufgenommen, auf dem Pelagia mit Czesław an der Hand vor der Haustür steht, umringt von ihren Kindern. Wieder eine Frage geklärt, registriert die Journalistin, die jungen Leute auf dem Foto sind tatsächlich Martas Geschwister.

Leider ist von dem Backsteinhaus mit der breiten Eingangstür nichts mehr übrig. Es wirkte viel größer als die beiden anderen … Warum die Familie dort ausgezogen ist, will die Journalistin wissen. Jolanta zuckt mit den Schultern. Vielleicht mussten sie umziehen? Vielleicht wurden sie gezwungen, sich zu verkleinern? Es war schließlich Krieg …

Auf dem Friedhof sind viele Menschen unterwegs, sonntags besucht man wohl gerne die toten Verwandten. Am Eingang kauft die Journalistin rasch ein Grablicht, auch hier erscheint man nicht mit leeren Händen. Im Zickzack durchquert die Familie ein riesiges Gräberfeld, dann ist endlich Martas Grab erreicht. Es ist mit drei dicken weißen Blumensträußen geschmückt, einer, erklärt Jolanta Jabłońska, stammt von Klaus B., sie hat ihn in seinem Auftrag gekauft. Die Kerzen werden angezündet, Barbara und Jolanta haben natürlich auch ein Grablicht mitgebracht. Dann stehen sechs Erwachsene und ein Kind da und schweigen. Während die anderen beten, studiert die Journalistin den Grabstein: »Marta Jabłońska zd. B., *30.11.1916 †15.5.1997« steht darauf und darunter der Name und die Daten ihres Mannes »Waczław Jabłoński, Kombattant«. Den Ehrentitel wollte er gern auf seinem Grabstein haben, sagt Barbara Mitrenga unvermittelt. Schweigen. Bei der Beerdigung unserer Mutter hat er sich mit dem Satz »Ich komme bald« von ihr verabschiedet, sagt sie nach einer Weile. Ein halbes Jahr später ist er gestorben. Schweigen. Das kleine Foto, auf dem Marta Czesław an sich drückt, hat ihr sicher Waczław in den Sarg gelegt. Seit Martas Beerdigung ist es nämlich verschwunden. Schweigen.

Wenn Waczław geahnt hätte, dass dieses Kind siebzehn Jahre nach Martas Tod doch noch gefunden wird. Dann hätte er das Foto vielleicht kopiert. Könnte es für Klaus B. ein schöneres Geschenk geben als ein Foto, auf dem seine Mutter ihn umarmt?

Andrzej Jabłoński und seine Frau warten mit einer umfangreichen Kaffeetafel. Seine Schwestern haben die Journalistin vorher gewarnt, ihr Bruder rede nicht, er sage nur »ja« und »nein«. Ein Irrtum. Trotz eingeschaltetem Fernseher und lebhafter Allgemeinunterhaltung geht Andrzej ausführlich auf ihre Fragen ein, und wenn er über Czesław spricht, hat er

Tränen in den Augen. Angst, seine Gefühle zu zeigen, hat dieser Mann nicht.

Trotzdem weicht er gerne auf sachliche Themen aus. Er erzählt von der Kriegsgefangenschaft seines Vaters und erklärt, dass »Kombattant« ein Ehrentitel für Kriegsteilnehmer ist. Er beschreibt Rogoźno unter deutscher Besatzung, wie er es von Waczław Jabłoński gehört hat. Es gab zwei Gestapo-Stellen in der Stadt, eine war im ehemaligen Pfarrhaus untergebracht, die andere in der Schule. Von hier ging der tägliche Terror aus, mit dem der polnischen Bevölkerung ihre vermeintliche Minderwertigkeit demonstriert wurde. Deutsche Uniformträger waren zu grüßen, erzählt Andrzej, Polen mussten ihretwegen den Bürgersteig verlassen. Und wer die Anordnungen nicht befolgte, wurde mit Prügel bestraft. Die Peitsche »durften« sich die Opfer aus einer »Galerie« von Peitschen selbst aussuchen.

Plötzlich fragt Andrzej zornig: Warum hat man Czesław eigentlich nicht früher gefunden? Die Journalistin ist überrascht. Natürlich ist er nicht der Einzige, der diese Frage stellt, aber so hat sie noch niemand formuliert. Klaus und Sonja B. gehen von sich aus: Warum haben wir nicht früher gesucht? Dann wäre in unserem Leben einiges anders gelaufen. Die Schwestern fragen ähnlich: Warum haben wir nach dem Fall der Mauer keinen neuen Suchantrag gestellt? Andrzej dreht den Spieß um: Warum konnten die zuständigen Organisationen Czesław heute finden – vor sechzig, siebzig Jahren aber nicht? Und er stellt noch eine Frage: Warum gibt es keine Entschädigung für Familien, denen ein Kind gestohlen wurde? Warum wird ein Mensch nicht entschädigt, der als Kind verschleppt wurde? Fragen, die im Kreis der verschleppten Kinder auch schon diskutiert wurden und die auch Klaus B. aufgeworfen hat. Bevor die Journalistin etwas dazu sagen kann, mischt Barbara Mitrenga sich ein. Obwohl sie in eine Unterhaltung mit der Schwägerin vertieft war, hat sie die Fragen ihres Bruders mitbekommen und schneidet ihm jetzt das Wort ab. Mit Geld sei nichts gutzumachen, erklärt sie kategorisch. Andrzej Jabłoński schweigt und wird so einsilbig, wie seine Schwestern es angekündigt haben. Die Lust am Erzählen ist ihm offenbar vergangen.

Bevor wir aufbrechen, bittet die Journalistin die drei Geschwister zum Fototermin aufs Sofa. Die beiden Frauen nehmen ihren Bruder in die Mitte, lächeln, bitte in die Kamera schauen, noch einmal lächeln, fertig. Klaus B. wird sich freuen. Von Jolanta und Andrzej hat er bisher noch keine Fotos gesehen.

Klaus B.s polnische Geschwister: Jolanta, Andrzej und Barbara

Und dann kann Andrzej Jabłoński sich einfach nicht trennen. Er nimmt die Hände der Journalistin, drückt sie immer wieder und bittet mit Tränen in den Augen: Überzeugen Sie meinen Bruder, dass er nach Rogoźno kommt, dass er kommen muss! Seine Schwestern stimmen ein: Wir werden ihn auf Polnisch empfangen, mit der besten polnischen Gastfreundschaft!

Jolanta Jabłońska hat ein Abschiedsgeschenk vorbereitet. Eine große Tüte für jede, mit eigenhändig gesammelten und getrockneten Steinpilzen, einem Glas Bigos à la Jolanta, einem Kuchenpaket. Katrin Lechler zwinkert, so ein Geschenk nimmt man begeistert an, Frau Journalistin. Vielfach umarmt und gedrückt machen sich die Gäste auf den Heimweg. Nach zwei Kilometern ein letzter Stopp: der Bahnhof von Rogoźno. Er sieht noch genau so aus, wie er vor fünfzig, sechzig, siebzig Jahren ausgesehen hat, mit Lokschuppen, Wasserturm und Stellwerk … Vermutlich hat man Czesław hier in einen Zug gesetzt, um ihn fortzubringen. Ob er sich wirklich an gar nichts erinnern kann? Vielleicht würde er sich erinnern, wenn er den Bahnhof, den kleinen Fluss, die Straße und das Haus sehen würde?

Was mag in Klaus B. vorgehen?, überlegt die Journalistin, als sie einen kleinen Reisebericht für ihn zusammenstellt. Ob er noch einmal über eine Polenreise nachdenkt, wenn er sich ein Bild von den Orten und der Atmosphäre machen kann? Ob er zuversichtlicher wird, wenn er von der Herzlichkeit und Wärme seiner Geschwister erfährt?

Aus ihren Fotos wählt die Journalistin für ihn aus: Die drei Geschwister auf dem Sofa. Die beiden Schwestern vor dem Kachelofen. Die Familie von Barbara Mitrenga vor der Haustür. Das alte Nachbarhaus in Rogoźno, das noch so aussieht wie früher. Das Grab. Und ein paar alte Familienfotos, die sie der Einfachheit halber abfotografiert hat.

Klaus B. bedankt sich umgehend, so viel Arbeit, meint er am Telefon. Seine Gefühle lässt er sich nicht anmerken. Und als die Journalistin ihm die Bitte seiner Geschwister ausrichtet, er möge sie doch bald besuchen, gibt er nur zurück: Jolanta und Andrzej sind herzlich willkommen! Er würde sie gerne kennenlernen. Aber selbst nach Polen fahren. Nein. Er hat jetzt einen Eindruck. Das reicht ihm. Erst einmal.

Eigentlich hat sie mit dieser Reaktion gerechnet, trotzdem versteht sie Klaus B. immer noch nicht ganz. Dass eine solche Reise tiefe Schichten berührt und alles andere als ein Kinderspiel ist, das weiß sie. Davon haben ihr andere verschleppte Lebensborn-Kinder erzählt. Aber sie haben eine Reise zu ihrem Ursprungsort gewagt und sind im Nachhinein froh darüber. Folker Heinecke zum Beispiel ist auf die Krim gefahren. Von dort wurde er verschleppt – aber das ist auch schon alles, was er weiß. Den Namen des Ortes, wo er als Kind gelebt hat, kennt er bis heute nicht, und ob dort noch Verwandte leben, konnte er nicht herausfinden. Trotzdem musste er auf die Krim reisen. Oder Ingrid von Oelhafen. Als sie nach jahrelanger Recherche endlich sicher war, dass sie aus Slowenien stammt und dort Angehörige hat, machte sie sich auf den Weg. Seitdem besucht sie die Verwandten regelmäßig, und auf die Gräber ihrer Eltern und Geschwister legt sie Blumen.

Klaus B. weiß, wo er herkommt. Er hat Halbgeschwister, die ihre Herzen und ihre Arme weit geöffnet haben. Er will sich umarmen lassen – aber nicht am Ort des Geschehens.

Er verhält sich intuitiv richtig, macht die Trauma-Therapeutin Margrit Hohenthal der Journalistin klar. Er vermeidet Trigger. Vor Ort könnte alles, was er damals erlebt und dann vergessen hat, wieder auftauchen, aus dem »Traumaspeicher« des Gehirns, der Amygdala. Denn dort ist es festgehalten, allerdings ohne Kontext und ohne das Wissen, dass es vorbei ist. Es könnte also passieren, dass er alles genauso entsetzlich erlebt wie damals, im schlimmsten Fall käme es zu einer Re-Traumatisierung. Seinem Herzen würde das mit Sicherheit nicht gut tun!

Traum

Das Licht kommt von oben. Bewegt sich. Nein, nicht das Licht. Es sind Gestalten, die sich im Licht bewegen. Er hat Angst. Er will weg. Er kann nicht.

Von seinem Schrei wird er wach. Wieder dieser Traum. Du hast nur geträumt, tröstet Sonja. Nur geträumt … geträumt … geträumt …

Rogoźno im Krieg

Die Broschüre, die Jolanta Jabłońska besorgt hat, ist eine Fundgrube. In knapper Form listet sie wichtige Fakten und Daten von Rogoźno auf, über 14 000 Jahre hinweg. Natürlich ist das 20. Jahrhundert am ausführlichsten dargestellt, und so bekommt die Journalistin einen Eindruck vom Umfeld, in dem Czesław seine ersten Lebensjahre verbracht hat.

1939 hatte Rogoźno 6500 Einwohner, fünfzehn Prozent waren Deutsche, ein Prozent Juden – es gab also eine kleine jüdische Gemeinde im Ort. Am 7. September marschierte die Wehrmacht ein. Der Terror hatte allerdings schon drei Tage vorher begonnen, mit der Gründung des »Deutschen Selbstschutzes«. Unterstützt von der SS, maßten sich dessen »volksdeutsche« Akteure an, polnische Mitbürger zu durchsuchen, zu verhaften, ihren Besitz zu beschlagnahmen. Menschen wurden ermordet: ein Tierarzt, ein Richter, ein Gerichtsvollzieher, Ortsvorsteher aus umliegenden Dörfern. Die Broschüre nennt ihre Namen, alle klingen polnisch.

Die Stadtverwaltung wurde »eingedeutscht«, die polnischen Angestellten mit wenigen Ausnahmen entlassen. Die Straßen bekamen deutsche Namen. Polnische Zeitungen durften nicht mehr erscheinen, Radios mussten abgeliefert werden. Der Pfarrer wurde verhaftet und ins KZ gebracht, seinen Nachfolgern ging es nicht anders. Die meisten kamen dort ums Leben. 1941 wurde die katholische Kirche des Ortes geschlossen. Bereits im Oktober 1939 deportierten die Besatzer alle Juden aus Rogoźno nach Warschau, die Synagoge wurde zerstört, der jüdische Friedhof verwüstet, die Grabsteine als Straßenpflaster verwendet. Im Dezember 1939 traf es rund tausend (christliche) Polen, also ein Sechstel der Einwohner: Händler, Unternehmer, Lehrer und andere Angehörige der Intelligenz bekamen den Befehl, ihre Häuser für »Reichsdeutsche« zu räumen. Die meisten wurden anschließend ins Generalgouvernement deportiert.

In diesem Klima aus Repression und Angst, Bedrohung und Verfolgung musste sich die Familie B. – Jan, Pelagia, Marta, Jadwiga, Kazimiera, Edmund und Barbara – zurechtfinden. Was sie dachten und wie sie sich verhielten, wissen ihre Kinder und Enkel nicht. Hatten sie Angst? Passten sie sich an, duckten sie sich weg? Vielleicht fühlten sie sich sicher, weil Marta bei einem Deutschen arbeitete? Ballten sie die Faust in der Tasche und hielten an ihren Werten und Vorstellungen fest, nach dem Motto: Ich bin Pole und bleibe Pole, wie Barbara Mitrenga ihren Großvater zitiert? Leisteten sie passiven oder aktiven Widerstand? Denn den gab es in Rogoźno auch.

Drei Ereignisse, die in der Broschüre erwähnt werden, betrafen die B.s ganz direkt.

Bevor die Wehrmacht in Rogoźno einmarschierte, flohen »Arbeiter der Post« mit ihren Familien aus der Stadt. Großvater Jan arbeitete bei der Post, möglicherweise waren die

B.s also unter den Menschen, die Rogoźno verließen. Später wurden anstelle der vierundzwanzig polnischen Postmitarbeiter zwanzig deutsche eingestellt. Also wurde Großvater Jan arbeitslos? Das dürfte das Leben der Familie entscheidend verändert haben. Vielleicht sind sie deshalb in ein kleineres Haus umgezogen?

Unter dem Datum August 1943 berichtet die Broschüre von einer »Germanisierungsaktion«, bei der neun (polnische) Kinder aus Rogoźno deportiert wurden. Zuerst, heißt es da, kamen die Kinder in »Übergangslager« in Łódź und Kalisz, später transportierte man sie ins Deutsche Reich. Die neun Kinder waren:

> *Urszula Nadolna, Jan Tłoczyński, Ryszard Tłoczyński, Alojzy Twardecki, Leon Twardecki, Kazimierz Szymański, B., Genowefa Ewertowska, Gapski.*

B. – das ist Czesław! Auch wenn der Vorname fehlt, es muss Czesław B. sein. Wieder ein Dokument, das seinen Namen festhält, wieder ein (symbolischer) Halt für diesen gewaltsam entwurzelten Menschen.

Der kleine Eintrag liefert noch mehr Informationen. Er nennt das Datum der Verschleppung – August 1943 – und die Orte, an die man die Kinder gebracht hat: Łódź und Kalisz. Das Heim in Kalisz/Kalisch tauchte schon in den Dokumenten des ITS auf, Łódź/Litzmannstadt ist neu. Wenn die Broschüre recht hat, ist Czesław also auch durch das Zentrum der »Germanisierung« geschleust worden. Vielleicht ist er hier den »schwarzen Männern« begegnet, an die er sich erinnern kann?

Das Datum der »Germanisierungsaktion« widerspricht allerdings der Familienerinnerung. Nach den Informationen von Barbara Mitrenga war Czesław vier Jahre alt, als er verschleppt wurde – tatsächlich war er aber im August 1943 bereits fünf Jahre alt. Ein Unterschied von einem Jahr. In der Entwicklung eines Kindes ist das viel.

Die kleine Broschüre berichtet noch von einer zweiten »Germanisierungsaktion« im März 1944. Dabei wurden fünf Kinder in Rogoźno einkassiert und nach Kalisz deportiert. Ihre Namen waren Teresa, Zofia und Leonia Tomkowiak, Kazimierz Jurga und Teresa Frackowiak. Im August 1944 kamen die fünf »in Ferien« nach Hause, anschließend mussten sie in deutschen Familien arbeiten. Offenbar wurde ihre »Germanisierung« also gestoppt. Einen Grund nennt die Broschüre nicht.

Die Geschichte von Alojsy Twardecki

Beim Abschied hatte Jolanta Jabłońska der Journalistin noch einen Zettel in die Hand gedrückt, mit einem Buchtipp aus dem Museum von Rogoźno. Das kleine Papier landete in einer Jackentasche – und wurde dort prompt vergessen. Tage später findet die Journalistin den Zettel dort wieder. »Die Schule der Janitscharen« heißt das Buch, geschrieben hat es ein Alojsy Twardecki. Der Name kommt ihr bekannt vor. Steht er nicht auf der Liste der Kinder, die im August 1943 aus Rogoźno verschleppt wurden? Der Name war der Journalistin aufgefallen, weil gleich zwei Kinder so hießen, es gab einen Alojsy und einen Leon. Brüder offenbar.

Das Buch entpuppt sich als autobiografischer Bericht mit einem großen Dokumentenanhang, ist auf Deutsch erschienen[23] – und eine noch viel größere Fundgrube als die Broschüre über Rogoźnos Geschichte. Denn es erzählt eine Parallelgeschichte.

Alojsy Twardecki stammt wie Czesław aus Rogoźno und wurde bei derselben »Germanisierungsaktion« verschleppt. Alojsy Twardecki war genauso alt wie Czesław, beide sind Jahrgang 1938. Beide hatten blonde Haare und blaue Augen und sahen aus wie »echte Deutsche«. Auch Twardecki hatte keinen Vater – der war in deutscher Kriegsgefangenschaft umgekommen. Der Junge war also Halbwaise und deshalb beim Jugendamt registriert. Auch er musste Monate in den Heimen von Kalisz/Kalisch und Bad Polzin verbringen – von einem Heim in Łódź ist bei ihm nicht die Rede. Auch er bekam einen anderen Namen, aus Alojzy wurde Alfred, aus Twardecki Hartmann, eine direkte Übersetzung des polnischen Nachnamens, erfährt die Journalistin. Und: Der Lebensborn vermittelte Alfred Hartmann an regimetreue deutsche Pflegeeltern, die ihn später sogar (illegal) adoptierten.

Einige wesentliche Unterschiede zur Geschichte von Klaus B. gibt es allerdings auch. Alfred Hartmann alias Alojsy Twardecki kehrte zehn Jahre nach seiner Verschleppung zu seiner Mutter nach Rogoźno zurück, im August 1953. Und: Er kann sich an seine Verschleppung erinnern, an Situationen, an Orte, an Menschen. Was er berichtet, dürfte Czesław – im selben Transport, in denselben Heimen wie Twardecki – ähnlich erlebt haben.

An den Beginn seiner Deportation hat Twardecki nur bruchstückhafte Erinnerungen. Da gab es einen Zug, in dem er mit vielen anderen Kindern saß. Einen Tunnel, in dem er schreckliche Angst bekam. Ein blondbezopftes Mädchen, das ihm beistand. Dann wurde er in ein großes, mit wildem Wein bewachsenes Haus gebracht, in dem sich Schwestern mit Häubchen um die Kinder kümmerten – das war vermutlich das Gaukinderheim Kalisch. Hier teilte man die Mädchen und Jungen in Altersgruppen ein, und nun taucht in Twardeckis Erinnerung sein »Bruder« auf, von dem er sich nicht trennen wollte. Tatsächlich war Leon sein sechs Jahre älterer Cousin. Nach einigem Bitten und Betteln durften die beiden in der ersten Nacht zusammenbleiben. Am nächsten Morgen war Leon allerdings fort, wie alle größeren Kinder.

Auch an das zweite Heim kann Twardecki sich erinnern. Es war ein großes helles Haus mit viel Glas, und obwohl sein Gedächtnis es in eine große Stadt versetzt, muss es das Lebensborn-Heim in Bad Polzin gewesen sein.

> *Vor dem Haus standen Hunderte von Kinderwagen mit kleinen Kindern und Säuglingen. Auf dem Hof empfingen uns Schwestern in Weiß und schwarzbraune Uniformen mit silbernen Totenköpfen an den Mützen.*[24]

Mädchen und Jungen wurden getrennt und neu eingekleidet, dabei nahm man ihnen auch ihre kleinen Mitbringsel fort – den letzten persönlichen Besitz. In diesem Heim, so Twardecki, wurden sie gezwungen, deutsch zu sprechen, die neuen Namen einzuüben und sich an eine neue Familiengeschichte zu gewöhnen. Twardecki wurde zum Sohn eines SS-Obersturmbannführers, den »polnische Banditen« ermordet hatten, und einer Mutter, die bei der Geburt gestorben war. Zu diesem Zeitpunkt glaubte er das bereits. Vielleicht weil der zugeschriebene Vater sich in seinem Gedächtnis mit einer Resterinnerung an seinen richtigen Vater verband, einen polnischen Offizier.

Auch über den Alltag in diesem Heim – der Begriff »Lebensborn« fällt im Buch nicht – kann Twardecki einiges berichten. Er schildert den Tagesablauf, erzählt von der paramilitärischen Erziehung und der Maxime »Einer für alle, alle für einen«. Wenn ein Kind ins Bett pinkelte (und das passierte vielen Kindern), wurden alle Stubengenossen bestraft, mit zwölf Stockschlägen auf den nackten Hintern. Er weiß noch, dass die Angestellten den Kindern versprachen, sie würden bald »neue Eltern« bekommen. Und dass sie deshalb die Woche über auf den Sonntag warteten, wenn Interessenten kamen und sie in Augenschein nahmen.

Dieses Warten gehört zu den wenigen Erinnerungen, die Klaus B. an das Lebensborn-Heim hat. Neben kratzender Kleidung und Essensdrill ist es vor allem dieses Warten auf neue Eltern.

Twardeckis Erinnerungen sind auch in diesem Punkt detaillierter. Er hat komplette Szenen der Kinderbeschau im Kopf behalten, schildert Spaziergänge, bei denen gleich mehrere Jungen von den Interessenten unter die Lupe genommen wurden, erinnert sich an Gesichter und Unterhaltungen. Er weiß noch, wie unglücklich er war, als er nicht ausgewählt wurde – und wie glücklich, als ein Mann sich für ihn entschied und ihn umgehend mit nach Hause nahm. So landete Alojys Twardecki als Alfred Hartmann bei den Binderbergers, einem kinderlosen Ehepaar aus Koblenz – und war angekommen. Er wusste zwar, dass sie nicht seine richtigen Eltern sind, aber er empfand anders. Dass er aus Polen stammte, wusste er nicht mehr. Bis er es nach fünf Jahren plötzlich erfuhr, aus einem Brief seiner leiblichen Mutter.

Małgorzata Ratajczak – inzwischen neu verheiratet – hatte bereits im März 1946 beim Polnischen Roten Kreuz (PCK) einen Suchantrag gestellt. Damals wusste sie schon, dass ihr Sohn in Deutschland war, das hatte sie von Urszula Nadolnas Mutter erfahren. Deren elfjährige Tochter, mit demselben Transport aus Rogoźno verschleppt, hatte heimlich Briefe nach Hause geschickt und darin, so gut sie konnte, den Verbleib der anderen Kinder festgehalten. Ein Jahr später konnte Małgorzata Ratajczak ihren Suchantrag weiter präzisieren: Jetzt wusste sie, dass ihr Sohn umbenannt worden war, kannte aber nur den neuen Nachnamen »Hartmann«. In der Zwischenzeit war nämlich Leon Twardecki, Alojsys älterer Cousin, nach Polen zurückgekehrt. Er hatte von September 1943 bis April 1945 in Oberweis, dem österreichischen Lebensborn-Heim, gelebt und war nach Kriegsende vom PCK zur Erholung nach Italien und Spanien gebracht worden. Dann wurde Leon ungeduldig: Er wollte nach Hause. Also suchte er über Radio Warschau nach seiner Mutter, fand sie und kehrte 1946 mithilfe des PCK nach Polen zurück. Auch Leon Twardecki war umbenannt worden, in Leo Hartmann. Der gemeinsame Nachname der beiden Cousins war für Małgorzata Ratajczak die entscheidende Information.

Zwei Jahre nach ihrem ersten Suchantrag erfuhr sie, dass ihr Sohn bei den Binderbergers in Koblenz aufgespürt worden war. Seitdem schrieb sie dem Jungen, aber ihre Briefe wurden von der Familie abgefangen – bis endlich doch einer durchkam. Unterdessen bemühte sich das PCK mit allen Mitteln, den Jungen nach Polen zurückzubringen, einmal startete es sogar eine Entführungsaktion. Aber alle Versuche scheiterten. An den deutschen Behörden, die ein Hindernis nach dem anderen errichteten, und an den Binderbergers und ihrem Pflegesohn. Alojsy/Alfred weigerte sich, seine polnische Herkunft zu akzeptieren, schließlich hatte er gelernt, die Polen zu hassen. Und die Pflegeeltern wollten ihn nicht hergeben, im Gegenteil. Sie erschlichen eine Adoption. Damit waren die Hürden für Małgorzata Ratajczak unüberwindlich geworden.

Aber sie gab nicht auf. 1953 lud sie ihren Sohn zu einem Besuch ein, die einzige Möglichkeit, ihn wiederzusehen. Und weil der mittlerweile Fünfzehnjährige sich in seiner Adoptivfamilie nicht mehr wohlfühlte, nahm er die Einladung an. Nach einigen Wochen entschloss er sich, in Polen zu bleiben. Ein Happy End und der Anfang eines schwierigen Weges in eine neue Familie, eine neue Umgebung, eine neue Gesellschaft – und eine neue Sprache. Denn sein Polnisch hatte er längst vergessen.

Im Dokumenten-Anhang hat Alojsy Twardecki Briefe und Gesuche von Małgorzata Ratajczak publiziert, dazu eine umfangreiche Korrespondenz des PCK, der IRO und verschiedener deutscher Behörden. Beim Querlesen entdeckt die Journalistin in diesem Material weitere Fakten, die Czesław betreffen oder betreffen könnten. So berichtet Małgorzata Ratajczak in einem Brief, dass ihr Sohn von der »Schuppo« entführt wurde, also von deutscher Schutzpolizei (Schupo). Und dass die »Schuppo« das Kind »aus dem Schlaf« zu Hause herausgeholt habe. War es bei Czesław genauso?

Mehrfach nennt sie den 27. September 1943 als Datum der Verschleppung. Und 1952 berichtet sie in einem Gesuch an das »Amt des Kanzlers der Bundesrepublik Deutschland, Bonn«, also an Bundeskanzler Konrad Adenauer:

> *Von den 16 verschleppten Kindern [das Kalendarium aus Rogoźno führt 14 Kinder namentlich auf, DSK] sind durch das Rote Kreuz aus den Ostzonen 13 Kinder zurückgekehrt ausser 3 Kinder, d. ist meinem Sohn u. Frau Ewertowski und Frau B. ihr Sohn.*[25]

»Frau B. ihr Sohn« – das ist Czesław. Małgorzata Ratajczaks verzweifelter Brief an Bundeskanzler Konrad Adenauer nennt seinen Namen! Diese Frau wusste also, dass der Junge nach wie vor verschwunden war. Und sie wusste auch über die anderen Kinder Bescheid: Dreizehn – um bei ihrer Zählung zu bleiben – waren mittlerweile nach Rogoźno zurückgekehrt. Alle, so schreibt sie, wurden in den »Ostzonen« (sic!) aufgespürt – was im Fall ihres Neffen Leon nicht stimmt. Auch Ryszard Tłoczynki kehrte aus Österreich nach Hause zurück, findet die Journalistin später heraus.

Wie auch immer: Dreizehn (sic!) der sechzehn verschleppten Kinder lebten 1952 wieder in ihrem Heimatort. Vom Vierzehnten – Alojsy – wusste man, wo er sich zu diesem Zeitpunkt befand. Und die Mutter von Eugenia Ewertowska – so der richtige Vorname – hatte ebenfalls erfahren, dass ihre Tochter lebt und wo sie lebt.

Gemessen an der Gesamtzahl der polnischen Kinder, die jemals repatriiert wurden, ist dies eine beeindruckende Quote. Denn von den etwa 20 000 Mädchen und Jungen, die insgesamt verschleppt wurden, kehrten nur fünfzehn bis zwanzig Prozent in ihre Heimat zurück.

Wie kam es dazu, dass so viele Kinder aus Rogoźno zurückkehrten? Funktionierten Suche und Repatriierung in der SBZ und späteren DDR besser als in den Westzonen? Kooperierten die DDR und Polen als Ostblockländer besser miteinander? Oder waren die zurückgekehrten Kinder alle bereits älter, konnten sie sich wie Leon, Urszula und Ryszard an ihre Herkunft erinnern und selbst aktiv werden?

Tatsache ist: Czesław B., Eugenia Ewertowska und Alojsy Twardecki, die drei »fehlenden« Kinder, befanden sich alle drei in der Bundesrepublik Deutschland, in den ehemaligen Westzonen. Die Adressen von Alojsy Twardecki und Eugenia Ewertowska waren zwar bekannt, trotzdem kamen die Kinder nicht zurück. Die politische Großwetterlage torpedierte die Repatriierung. Außerdem weigerten sich die beiden Kinder massiv, nach Polen zurückzukehren, worin sie von ihren Pflegeeltern unterstützt wurden. Deren Haltung war offenbar entscheidend, wie die Geschichte eines anderen Kindes beweist. Barbara Paciorkiewicz wurde repatriiert, weil ihre Großmutter sie suchte und ihre Pflegeeltern der alten Frau das Recht auf die Enkelin zugestanden.

Alojsy Twardecki änderte seine Meinung später, Eugenia Ewertowska nicht. Sie blieb in Deutschland – und verteidigt ihre Entscheidung bis heute. »Adolf Hitler hat mich da rausgeholt,« erklärt sie der Journalistin am Telefon, als diese sie Monate später aufspürt. Mehr will sie dazu nicht sagen, aber die Verachtung für ihre Mutter und deren Armut klingt der Journalistin noch lange im Ohr.

Fazit: 1952, dem Jahr, in dem sich Małgorzata Ratajczak an den deutschen Bundeskanzler wandte, war Czesław B. das einzige Kind aus Rogoźno, von dem niemand wusste, ob es noch lebte und wo es sich aufhielt.

Was mag Czesławs Mutter in dieser Zeit empfunden haben? Die Journalistin versucht sich das Wechselbad der Gefühle vorzustellen, das Marta erlebt haben muss. Vielleicht war es so:

Einerseits hofft Marta mit aller Kraft, dass ihr Kind gefunden und nach Hause zurückgebracht wird. Ihr Vater bestärkt sie darin, auch er sehnt die Rückkehr des Enkels herbei, er verspricht seiner Tochter sogar, dass er das Kind finden wird. Und Waczław, mit dem Marta seit 1946 verheiratet ist? Er gäbe etwas darum, wenn der Junge wieder auftauchte und seine Frau aus ihrer Trauer erlöste.

Dass ein Kind nach dem anderen wieder nach Rogoźno zurückkehrt, spricht sich in der kleinen Stadt schnell herum. Und jedes Mal schöpft Marta neue Hoffnung. Aber was die Zurückgekehrten erzählen, macht ihr Angst: die falschen Namen, das Verbot, polnisch zu sprechen, der Zwang, deutsch zu werden … Vielleicht hat Czesław sie längst vergessen?

Sie erlebt, wie Małgorzata Ratajczak um ihren Sohn kämpft. Nachdem diese Frau beim PCK den Suchantrag gestellt hat, muss sie zwei Jahre warten. Eine zermürbend lange Zeit. Aber dann erfährt sie, dass Alojsy lebt und wo er lebt. Die gute Nachricht veranlasst Marta und Jan, sich ebenfalls an das PCK zu wenden, damit sie nach Czesław suchen. Unterdessen stellt sich heraus, dass Małgorzata Ratajczak noch lange nicht gewonnen hat – Alojsy bleibt, wo er ist. Trotzdem gibt seine Mutter nicht auf, sie schreibt neue Anträge und neue Briefe. Vielleicht spürt Marta, dass sie diese Kraft nicht aufbringt. Das Warten zermürbt sie sowieso. Dann scheint Alojsy endgültig verloren zu sein – und Martas

Hoffnung bricht in sich zusammen. Sie muss sich endlich mit dem Verlust ihres Sohnes abfinden. Die beiden Kinder, die sie mittlerweile mit Wacław hat, brauchen sie – und trösten sie. Aber vergessen kann sie ihren kleinen Czesław nicht. Sie spricht über ihn und sorgt dafür, dass ihre Kinder ihn kennen …

Als Alojzy schließlich doch zurückkehrt, taucht Martas alte Hoffnung zwar noch einmal auf. Gleichzeitig sieht sie, wie schwer es für den mittlerweile Fünfzehnjährigen und seine Mutter ist, mit der neuen Situation zurechtzukommen. Vielleicht ist es gut, dass Czesław verschwunden bleibt? Nur ihr Vater mag immer noch nicht aufgeben. Anfang der 1960er Jahre bringt er einen zweiten Suchantrag auf den Weg.

So könnte es gewesen sein.

Datenwirrwarr: Wann wurde Czesław geraubt?

Neue Informationen haben einen Nachteil: Sie setzen häufig neue Fragezeichen hinter längst geklärte Fakten. Was besonders misslich ist, wenn es um zentrale Daten geht, etwa den Tag und das Jahr, an dem die Kinder aus Rogoźno geraubt wurden. Ob Czesław damals vier Jahre alt war oder fünf, ob er folglich zwanzig oder acht Monate in verschiedenen Heimen leben musste, das macht einen gewaltigen Unterschied, nicht nur in diesem Alter. Also nimmt die Journalistin das Datum noch einmal unter die Lupe und überprüft die anderen Informationen über die Verschleppungsaktion gleich mit.

Zeitzeugen und Publikationen nennen drei verschiedene Jahreszahlen: 1942 – 1943 – 1944.

Glaubt man dem Familiengedächtnis der B.s, dann ist Czesław 1942 verschleppt worden. Er war damals vier Jahre alt, so erinnert sich Barbara Mitrenga an die Erzählungen ihrer Mutter.

Das Kalendarium aus Rogoźno verzeichnet als Datum »August 1943«.

Małgorzata Ratajczak nennt in ihrem Brief an Bundeskanzler Adenauer Tag, Monat und Jahr: Die Kinder wurden am 27. September 1943 deportiert.

Alojsy Twardecki selbst erinnert sich, dass er im Sommer 1943 bei den Pflegeeltern ankam. Ein Irrtum, wie sich bei einem Abgleich mit anderen Daten seiner Biografie schnell herausstellt. Ein IRO-Dokument liefert einen zusätzlichen Beleg: Danach wurde Twardecki am 21. Mai 1944 aus dem Lebensborn-Heim in Bad Polzin entlassen.

Zwei Angaben verweisen also auf 1943, zwei auf 1942, eine davon ist nachweislich falsch. Nach dem Mehrheitsprinzip spricht das eigentlich für sich. Aber die Journalistin will jetzt ganz sicher gehen und recherchiert weiter.

Roman Hrabar erwähnt in seinem Buch »Kinder im Krieg – Krieg gegen Kinder. Die Geschichte der polnischen Kinder 1939–1945«[26] zwei planmäßige Verschleppungsaktionen in Rogoźno, in den Jahren 1943 und 1944. Roman Hrabar, nach dem Krieg »Polnischer Regierungsbevollmächtigter für Fragen der Rückführung polnischer Kinder«, tut ein Übriges. Anhand von Dokumenten und Zeugenaussagen aus dem Prozess, der 1946 gegen Arthur Greiser (Reichsstatthalter und NSDAP-Gauleiter im Warthegau) geführt wurde, rekonstruiert er den Ablauf dieser Aktionen:

> *Im Sommer 1943 schickte die Stadtverwaltung von Rogoźno den Witwen sowie einigen Müttern die Aufforderung zu, sich mit ihren Kindern bei der Kreisverwaltung von Oborniki einzufinden. Nach der Durchführung von »rassischen« Untersuchungen wurden sie nach Rogoźno*

zurückgeschickt. Nach einiger Zeit tauchten Schutzpolizisten in Begleitung von deutschen Fürsorgerinnen zu verschiedenen Terminen in den Wohnungen auf, um die Kinder unter Zwang abzuholen. Einigen Müttern gelang es, sie zu verstecken. Die weggenommenen Kinder wurden nach Kalisz gebracht. Nach ersten Germanisierungsmaßnahmen und nach Beobachtung in einer Anstalt wurden sie von dort aus in das Lebensborn-Heim »Alpenland« in Österreich geschickt. In zwei Transporten wurden auf diese Weise jeweils mindestens zwölf, insgesamt also über zwanzig Kinder aus Rogoźno fortgeschafft.[27]

Abgesehen davon, dass Hrabar von einer vorgeschalteten »Rassenuntersuchung« in Oborniki berichtet, der fünfzehn Kilometer entfernten Kreisstadt, dass er das Lebensborn-Heim in Bad Polzin nicht erwähnt und mit »insgesamt über 20« eine dritte Zahl verschleppter Kinder ins Spiel bringt (Kalendarium: 14 Kinder, Małgorzata Ratajczak: 16 Kinder): Als Datum nennt er die Jahre 1943 und 1944. Das stimmt mit den Angaben des Kalendariums überein.

Eine von Hrabars Quellen ist die Zeugenaussage von Irena Nowak, einer Frau aus Rogoźno, die mit ihren Kindern in die Germanisierungmühle geriet, ihr aber entkam. Ihre Schilderung der Aktion ist noch detaillierter als Hrabars Rekonstruktion. Genau so, überlegt die Journalistin, könnten es auch Marta und Czesław erlebt haben:

Im August 1943 bekam ich von der deutschen Kreisverwaltung in Oborniki die Aufforderung, mich dort zusammen mit den Kindern zu stellen. Ich fuhr mit meinen Söhnen Konrad, damals sechs, und Wacław, damals vier, dort hin. Als ich mich dort meldete, empfing mich irgendein Beamter in schwarzer Uniform (SS-Mann). Er beschrieb das Äußere meiner Kinder und nannte die genauen Personalien. Ein zweiter, in Zivil gekleideter Beamter schrieb die Ergebnisse der vom SS-Mann durchgeführten Untersuchung auf. Nach Abschluß dieser Handlungen entließ man uns nach Hause. Ungefähr einen Monat später kam früh morgens ein Polizist vom Ortsrevier zu uns nach Hause und fragte meine Mutter, die die Tür aufmachte, wo die Kinder Konrad und Wacław wären. Meine Mutter antwortete, sie seien weggefahren. Dasselbe sagte ich, als der Polizist ins Zimmer kam und eine Erklärung verlangte, wo sich die Kinder befänden. Ich lehnte die Auskunft ab, obwohl man mich zum Revier schleppte und mir mit Prügeln und Gefängnis drohte. Ich handelte so, weil man schon etwa zwei Wochen vorher mehrere Kinder aus Rogoźno abgeholt und in unbekannter Richtung abtransportiert hatte. Diese Kinder waren ebenfalls bei der vorgenannten Untersuchung gewesen. Als ich von der Polizei zurückkam, schickte ich den älteren Sohn sofort nach Poznań, und den jüngeren versteckte ich zu Hause im Wäscheschrank. Die deutsche Polizei kam noch lange zu mir und suchte Konrad und Wacław. Ich war die einzige Mutter in Rogoźno, der es gelang, die Kinder vor dem Abtransport zu bewahren. Die anderen Kinder wurden fortgeschafft. Das Schicksal einiger von ihnen ist bis heute ungewiss.[28]

Abgesehen von den Fürsorgerinnen, die Irena Nowak nicht erwähnt, stimmt ihre Schilderung mit der von Hrabar überein. Also: Im August 1943 die »Rassenprüfung«, im September die Verschleppung, vor der Irena Nowak ihre Kinder aber bewahren konnte. Wenn Großvater Jan B. von dieser Rettung erfahren hat, wie traurig muss er gewesen sein, dass er er seinen Enkel nicht schützen konnte.

Auch der Bürgermeister von Rogoźno, Ludwik Mikolajczyk, sagte als Zeuge im Prozess gegen Arthur Greiser aus. Seine Schilderung der Aktion fällt allerdings ganz anders aus.

> *Ich war im Büro der Stadtverwaltung Rogoźno angestellt. Ende August 1943 wurden die polnischen Halbwaisen dieses Kreises aufgefordert, sich dort zu melden. Dort war eine Kommission, die Aufzeichnungen machte. Anschließend gingen die Kinder wieder nach Hause. Anfang September, ein genaues Datum kann ich nicht angeben, erhielten die Kinder die Aufforderung, sich am übernächsten Tag im Meldeamt der Stadtverwaltung einzufinden. Hier wurden sie abgemeldet und mussten dort bleiben; den Müttern befahl man, nach Hause zu gehen. Ich habe Beweise, und zwar eine Meldekarte, die ich fand. Der erste Transport von Kindern im Alter von vier und zwölf Jahren wurde zusammengestellt und von einer aus zwei Polizeibeamten, einem Beamten des Meldeamtes und Bürodienern bestehenden Wachabteilung aus der Stadt heraus zum zwei Kilometer entfernten Bahnhof geführt. Wie aus den Meldekarten hervorgeht,*

wurden sie über Poznań nach Kalisz geschickt und dort im Waisenhaus untergebracht; später brachte man sie nach Deutschland.[29]

Also noch einmal neue Widersprüche und Differenzen! Bei Mikolajczyk wird aus Vorladungen in die Kreisstadt Oborniki ein Geschehen, dass sich nur Rogoźno abspielt. Das gewaltsame Herausholen der Kinder aus ihren Wohnungen erwähnt er nicht, stattdessen verortet er die Trennung von Müttern und Kindern im Meldeamt der Stadt. Und an die Stelle der begleitenden Fürsorgerinnen rücken in seiner Schilderung städtische Beamte. Aber seine Datumsangabe ist »Anfang September 1943«.

Fazit: Alle Quellen – außer der Familienerinnerung der B.s – nennen »September 1943« als Datum, an dem die ersten Kinder aus Rogoźno verschleppt und nach Kalisz/Kalisch gebracht wurden – und nicht zuerst nach Łódź.

Eins dieser Kinder war der folglich fünfjährige Czesław B. In diesem Alter fängt ein Kind an, selbstbewusst zu werden. Es hat gelernt, sich an Regeln zu halten, kann sich allein an- und ausziehen, kommt mit anderen Kindern klar, kann rennen und springen, werfen und fangen, verfügt über einen umfangreichen Wortschatz, lernt mühelos neue Wörter, hat keine Probleme mit der Aussprache, macht immer weniger Grammatikfehler …

Ist das nicht ein »ideales« Alter, um ein Kind umzupolen? Der Pflegeaufwand ist gering, das Kind kann sich an Regeln halten, es ist lernfähig und aufnahmebereit … welch schreckliche Raffinesse, überlegt die Journalistin.

Puzzlestück: Janitscharen

Mit wem auch immer die Journalistin über Czesław und seine Geschichte spricht: Die Anteilnahme ist groß, das Wissen gering. Vom nationalsozialistischen Kinderraub in Osteuropa haben die meisten noch nie etwas gehört oder gelesen. Allerdings folgt auf die Schilderung von Czesławs Schicksal häufig der relativierende Satz: »Das ist ja genau wie bei …« Und dann kommen die Vergleiche.

Zum Beispiel mit den Kindern australischer Aborigines. Bis in die 1970er Jahre hinein wurden etwa hunderttausend Mädchen und Jungen ihren Eltern gewaltsam fortgenommen, in staatlichem Auftrag. Sie sollten in Missionsschulen oder von Pflegefamilien im christlich-europäischen Sinn »erzogen« und damit gewaltsam an die weiße Mehrheitsgesellschaft angepasst werden. In Kanada und den USA ging es Kindern indianischen Ursprungs genauso, auf Anordnung der beiden Regierungen. Und die Schweiz setzte rund zweitausend jenische Kinder einer solchen Umwandlungsmühle aus. Es waren Kinder aus armen, marginalisierten Verhältnissen, deren Familien zu den »Fahrenden« gehörten. Erst in den 1970er Jahren wurde dieses Konzept aufgegeben. Die Trennung von den Eltern sollte die Kinder zu sesshaften Bürgern machen, die traditionelle Lebensweise der

Fahrenden störte den Schweizer Ordnungssinn. Kinderraub also, zum Zweck der Anpassung. Gerichtet gegen Außenseiter, Unterdrückte, Deklassierte – Menschen, die anders waren, die anders lebten und anders aussahen. Der rassistische Unterton unter dem Deckmantel der Erziehung ist offensichtlich.

Auch gegen politische Gegner wurde das Instrument des Kinderraubs eingesetzt. Das Franco-Regime griff sich nach seinem Sieg im Spanischen Bürgerkrieg immer wieder Kinder aus republikanischen Familien, ließ sie verschwinden oder polte sie um, fälschte ihre Identität und verkaufte sie mithilfe der Kirche für viel Geld an reiche Paare. Einige Jahrzehnte später gingen die argentinischen Militärdiktatoren besonders perfide vor. Inhaftierte Regime-Gegnerinnen, die schwanger waren, ließen sie bis zur Entbindung am Leben. Ihre Babys wurden kinderlosen Offiziersfamilien übergeben und landeten damit auf der Seite der Täter. Ihre Mütter wurden ermordet.

Auch Länder mit umgekehrt politischem Vorzeichen setzten das Instrument Kindesentzug ein. Mit einer juristischen Begründung (§ 249 StGB) nahm der DDR-Staat politischen Gegnern (dazu gehörten auch Ausreisewillige) die Kinder fort, ohne Einwilligung der Eltern, oft gegen deren erklärten Willen. Die Mädchen und Jungen landeten in Heimen oder bei Adoptiveltern, die in den Augen des Staates eine linientreue Erziehung gewährleisteten. Dieses Beispiel bekommt die Journalistin besonders häufig zu hören, schließlich taucht es in den bundesdeutschen Medien immer wieder auf. In welchem Umfang dieses brutale Machtinstrument angewendet wurde, ist allerdings nicht klar. Belastbare Zahlen gibt es nicht – und wird es wohl nicht geben, da die Archive noch gesperrt sind und die Akteure schweigen.

Bei Twardecki findet die Journalistin schließlich den Vergleich mit den Janitscharen, die im Titel seines Buches auftauchen. Die Janitscharen waren eine Eliteeinheit des osmanischen Reichs, die aus zwangsrekrutierten Söhnen christlicher Familien aus Serbien und Bosnien bestand. Sie wurden im Kindesalter einkassiert und verschleppt, mussten zum Islam übertreten, wurden militärisch gedrillt und auf ein Leben als Kämpfer ohne Privatleben vorbereitet. Heinrich Himmler, Reichsführer SS, war fasziniert von diesem Gewaltakt: Er entwickelte die Idee, die Kinder vom Balkan, die seine »Rassenspezialisten« verschleppt hatten, als »eine Art Janitscharen« erziehen zu lassen,

> *damit wir die Jungen und Mädchen den betreffenden Staaten, wenn wieder Ordnung und Stabilität eingekehrt sind, als anständige Menschen zurückgeben können, während das Reich in ihnen treue Anhänger des Führers und künftige Soldaten und Soldatenfrauen der alten Wehrmacht des Reiches hat.*[30]

Sieben Beispiele aus unterschiedlichen Zeiten, unterschiedlichen Kulturen, unterschiedlichen politischen Systemen. In allen werden Kinder als formbare Objekte betrachtet, manipulierbar im Sinne der dominanten Denk- und Lebensweise. Und als Reservoir, aus dem sich die jeweils Herrschenden bedienen können, um die eigene Macht zu stärken und die

Gegner, die Unterworfenen, die Unerwünschten zu demütigen, zu schwächen, zu vernichten.

So bestechend all diese Parallelen auch sind: Die Verschleppung der osteuropäischen Kinder, wie sie die Nationalsozialisten zwischen 1942 und 1944 betrieben haben, übertrifft in ihrer Radikalität und Zielsetzung alle anderen. In ihrem Größenwahn ging es ihnen um die Weltherrschaft der Germanen. Den besiegten Völkern sollten die »Wertvollsten«, das »gute Blut«, die (vermeintliche) künftige Elite entzogen werden, damit sie nicht mehr in der Lage waren, neue Macht zu entwickeln. Ihre Kinder sollten im Sinne der NS-Ideologie manipuliert werden, um die Zahl der »treuen« Anhänger und Kämpfer zu vergrößern und gleichzeitig die »rassische Qualität« der deutschen Bevölkerung zu verbessern.

Janitscharen und »treue Anhänger und Kämpfer des Führers« sind die verschleppten Kinder nicht geworden, deren Geschichten die Journalistin bisher kennengelernt hat. Aber Barbara Paciorkiewicz und Ingrid von Oelhafen, Hermann Lüdeking, Folker Heinecke und Klaus B. sind in einem anderen Sinn zu »Kämpferinnen« und »Kämpfern« geworden. Sie haben sich durchgekämpft durch ihre traumatische Kindheit, sie haben es geschafft, ein mehr oder weniger normales Leben zu führen. Denn oft war nichts wichtiger für sie als ein normales, unspektakuläres Leben.

Zweite Sichtung der Kinderakte: Ein Gespräch im ITS

Warum hat man meinen Bruder nicht früher gefunden, hatte Andrzej Jabłoński die Journalistin in Rogoźno gefragt. Seitdem geht ihr dieser Satz nicht aus dem Kopf: Ja, warum hat man Czesław alias Klaus nicht früher gefunden und zu seiner polnischen Familie zurückgebracht? Die IRO, die International Refugee Organization, wusste doch spätestens 1949, dass Klaus und Czesław ein und dieselbe Person sind. In ihren Akten hatte sich einmal eine Arztrechnung befunden, die der Lebensborn 1944 an die Krankenversicherung Berliner Verein geschickt hatte. Und darauf standen beide Namen.

Die Journalistin muss zu Margret Schlenke. Wer, wenn nicht die Leiterin des Referats Suchdienst, seit 45 Jahren beim ITS, kann diese Frage beantworten? Mittlerweile ist es fast ein Jahr her, dass die Geschichte von Klaus B. sie in Atem gehalten hat, aber Margret Schlenke ist immer noch ganz erfüllt davon. So etwas würden sie wahrscheinlich nicht mehr erleben, davon ist sie überzeugt. Dass die Journalistin nach wie vor mit diesem Thema beschäftigt ist, wundert sie allerdings doch.

Für sie ist der Fall abgeschlossen. Als sie allerdings die Fragen hört, die sich angesammelt haben, versteht sie. Ihre Blickrichtungen sind vollkommen verschieden: Sie muss schauen, dass sie Angehörige findet – mit diesem Ziel sucht sie nach Dokumenten und korrespondiert mit Partnerorganisationen wie dem Polnischen Roten Kreuz. Und die Journalistin will herausfinden, was damals geschehen ist und warum es geschehen oder nicht geschehen ist. Vielleicht kann Margret Schlenke ihr dabei helfen? Natürlich, sie will es versuchen.

Also beugen sich die beiden über Klaus B.s Kinderakte, die Margret Schlenke vor einem Jahr im ITS-Archiv gefunden hat, und gehen Blatt für Blatt durch. Vielleicht wird dann klarer, warum Czesław alias Klaus nicht früher gefunden wurde. Aber bei jeder Frage schüttelt Margret Schlenke den Kopf.

Wie kommt der Vermerk »Dresden 11.8.1939« – angeblich Geburtsdatum und Geburtsort von Klaus B. – auf das Dokument, das die Arztrechnung des Lebensborn erwähnt? Das hat ihre Vorgängerin geschrieben, Margret Schlenke kennt die Handschrift – aber nicht die Gründe.

Was hat es mit der Randnotiz »Jugendverwahrlager« auf sich? War Klaus B. etwa in diesem Straflager für Jugendliche in Łódź/Litzmannstadt? Das könnte vielleicht den schlimmen Zustand erklären, in dem Eva Schäfer ihn in Bad Polzin angetroffen hat. Margret Schlenke weiß es nicht.

Was bedeutet die Abkürzung »Reiko/O« auf der Krankenversicherungskarte? Vielleicht Reichskommissar Ost? Kopfschütteln. Margret Schlenke kennt viele Abkürzungen, diese nicht.

Warum gibt es in der Kinderakte Belege, dass in der französischen, der amerikanischen und sowjetischen Zone nach Czesław B. bzw. der Familie Schäfer gesucht wurde – aber keine Belege aus der britischen Zone? Ausgerechnet dort, wo die Schäfers und der Junge sich aufhielten? Margret Schlenke zuckt mit den Schultern.

Mit diesen kleinteiligen Fragen kommen sie nicht weiter, registriert die Journalistin. Also fragt sie ganz direkt. Warum wurde der Junge nicht gefunden, warum wurde er nicht nach Polen zurückgebracht? Margret Schlenke antwortet mit vier Wörtern: Kann ich nicht sagen.

Die Journalistin ist frustriert. Eigentlich könnte sie jetzt gehen, aber Margret Schlenke will sie so nicht ziehen lassen. Sie kopiert ihr alle Suchlisten, auf denen die Namen Czesław B., Cseslaus B., Claus B., Klaus B. in einer dieser Varianten erscheinen. Von insgesamt 48 Listen, die im Laufe der Nachkriegsjahre zusammengestellt wurden, erscheint der Name immerhin auf neun. Darunter sind polnische Listen, Listen aus dem Nürnberger Prozess gegen das Rasse- und Siedlungshauptamt SS, englisch- oder französischsprachige Listen aus den drei Westzonen. Außerdem bekommt sie die »Master-List«, die der ITS im April 1949 für die eigene Arbeit zusammengestellt hat. Darauf stehen die Namen von 307 polnischen Kindern, von denen man zu diesem Zeitpunkt definitiv wusste, dass sie mithilfe des Lebensborn »germanisiert« worden waren. Die Journalistin überfliegt die Namen und findet alte Bekannte. Folker Heinecke alias Aleksander Litau. Alodia Witascek, die in Deutschland Alice Wittke hieß, und Zyta Suź, bei der nur das ź des Nachnamens zu s wurde. Alojsy Twardecki alias Alfred Hartmann und seinen Vetter Leon Twardecki alias Leo Hartmann. Roman Roszatowski alias Hermann Lüdeking. Barbara Paciorkiewicz alias Barbara Gajzler – und Czesław B. alias Klaus B.

Zu jedem Kind sind alle wichtigen Daten aufgeführt. Bei Klaus B. steht zuerst der polnische Name, dann der deutsche, ein falsches Geburtsdatum (6. November 1938), der Ortsname Bad Polzin, die Krankenversicherungsdaten, die Ost-Kind-Nummer, Name und Anschrift der Stieffamilie in Köslin und das Datum, seit wann er dort lebte. Genügend Informationen also, um ihn zu identifizieren – und zu finden! Vorausgesetzt, man wusste, wo sich die Familie Schäfer zu diesem Zeitpunkt, also im April 1949, aufhielt.

Während der Kopierer arbeitet und Margret Schlenke die Listen zusammenheftet, beginnt sie unvermittelt, von den Nachkriegsjahren zu erzählen, als Millionen Menschen nach Angehörigen suchten und die Suchdienste vor einer gigantischen Aufgabe standen. Vielleicht würde die Journalistin dann eher verstehen, warum Czesław B. trotz der vorhandenen Dokumente nicht gefunden und zu seiner polnischen Familie gebracht wurde. Und sie zählt auf: Die Büros waren schlecht ausgestattet. Es gab Sprachprobleme. Die finanzielle Basis war schwach. Die Zuständigkeiten wechselten: Zuerst arbeitete die UNRRA (United Nations Relief and Rehabilitation Administration) an dieser Aufgabe, seit 1947 die IRO, zu der die Ostblockstaaten nicht mehr dazugehörten, seit 1948 dann der ITS. Und dann sagt sie einen Satz, den die Journalistin so unglaublich findet, dass er ihr noch lange nachgeht: 1950 stellte der ITS die aktive Suche ein! Mit anderen Worten: Er unternahm von sich aus nichts mehr, um Angehörige von alleinstehenden Kindern zu finden. Personalknappheit, Margret Schlenke hebt die Schultern. Und fährt mit der Aufzählung fort. Die Allierten und die betroffenen Länder waren beim Thema »Repatriierung verschleppter Kinder« unterschiedlicher Meinung. Die Amerikaner wollten alle Kinder in ihre Heimat zurückbringen, die Franzosen nur diejenigen, deren Eltern ausfindig gemacht worden waren, die Briten plädierten dafür, die Kinder »aus humanitären Gründen« dort zu lassen, wo sie nun einmal waren. Die Sowjetunion und Polen forderten prinzipiell, alle gefundenen polnischen Kinder in ihre Heimat zurückzuschicken, unabhängig von den Wünschen der Kinder. Das lähmte die Arbeit der zuständigen Organisationen. Und der Kalte Krieg tat ein Übriges und zerstörte das Vertrauensverhältnis. Der Osten verdächtigte den Westen, Akten zu verheimlichen oder Urkunden zu fälschen und damit die Suche und Repatriierung der Kinder zu torpedieren. Und der Westen unterstellte dem Osten, er wolle ursprünglich deutschstämmige Kinder nach Polen verschleppen. Das war dieselbe Argumentation, die vorher die Nazis benutzt hatten, kommentiert die Journalistin. Sie hatten ja angeblich auch nur »volksdeutsche Waisenkinder« eingesammelt. Margret Schlenke nickt.

Die beiden haben sich längst wieder an den Konferenztisch gesetzt, denn Margret Schlenke ist mit ihrem Hintergrundbericht noch nicht zu Ende. Einen Punkt hat sie noch, die große Registrierungsaktion, die der ITS 1949 in den drei

Westzonen durchgeführt hat. Damit, erklärt Margret Schlenke, sollten abschließend alle alleinstehenden Kinder erfasst werden, die bei Pflegeeltern, Adoptiveltern oder in Heimen lebten, unabhängig von ihrer Nationalität. Davon war also auch Klaus B. betroffen, konstatiert die Journalistin.

Die Zeitungen berichteten damals ausführlich, auch große ausländische Zeitungen. Die zuständigen Ämter durchforsteten ihre Akten und forderten Heime, Pflege- und Adoptivfamilien auf, Auskunft über ihre Kinder zu geben. Dafür hatte man den sogenannten gelben Fragebogen entwickelt. Ein Exemplar liegt in Klaus B.s Kinderakte, erinnert sich Margret Schlenke, beginnt zu blättern, zieht ein paar Seiten heraus und deutet auf die drei großen Kapitel, die abgefragt werden: »Personalien des Kindes«, »Personalien der leiblichen Eltern des Kindes«, »Vormund, Pflegeeltern, Verschiedenes«. Insgesamt dreiunddreißig Fragen, zählt die Journalistin und liest: »Von wo kam das Kind in die Pflegestelle?«. »Falls das Kind außerhalb Deutschlands geboren ist, ist anzugeben, wann es nach Deutschland gebracht wurde«. »Wurde das Kind früher durch die NSV (Nationalsozialistische Volkswohlfahrt) oder eine andere NS-Organisation betreut?« … Wäre interessant, jetzt schaut sie Margret Schlenke fragend an, was die Schäfers damals wohl darauf geantwortet haben. Denn der Fragebogen ist leer, keine der 33 Fragen ist beantwortet. Es müsste ein ausgefülltes Exemplar geben, überlegt Margret Schlenke. Vielleicht liegt es beim Deutschen Roten Kreuz in München. Haben Sie es dort schon probiert?

Type "B II"

Fragebogen für die Registrierung aller Pflegekinder, die am Berichtstag in der U.S., Britischen und Französischen Zone wohnhaft sind und der Minderjährigen, die in den dem Berichtstag vorhergehenden 3 Jahren wegen Erreichen der Altersgrenze (14. Lebensjahr) oder aus einem anderen Grund aus der Pflegekindaufsicht ausgeschieden sind. — Ausgenommen sind die bei der Mutter befindlichen unehelichen Kinder.

Vom Jugendamt auszufüllen:

Jugendamt: ....

Landesjugendamt: ....

Land: ....

Zone: ....

(Muster) der „gelbe" Bogen

Zur Beachtung: Die ersten zehn Fragen müssen beantwortet werden. Soweit Fragen nicht beantwortet werden können, ist entweder „unbekannt" oder „nicht betreffend" zu vermerken.

A. PERSONALIEN DES KINDES

Männlich ....

Weiblich ....

1. Familienname (bei Geburt) ....

   Vornamen: ....

2. Andere Namen, alias etc.: ....

3. Geboren am: .... in: .... (Gemeinde) (Kreis) (Land)

4. Ist der Geburtsschein vorhanden? ....

5. Falls ja, Angabe der ausstellenden Behörde und des Tages der Ausstellung: ....

6. Ehelich: .... Unehelich: .... Ehelich erklärt durch gerichtliche Verfügung: ....

7. Name der Pflegeeltern: ....

   7a. Adresse: ....

---

8. Sind die leiblichen Eltern am Leben? Vater: .... Mutter: ....

9. Falls ja, ist anzugeben:
   a) Name des Vaters: ....
   b) Adresse des Vaters: ....
   c) Name der Mutter: ....
      Geborene: ....
      Geschiedene: ....
      Verwitwete: ....
   d) Adresse der Mutter: ....

10. Ist die Ehe der Eltern geschieden? ....

10a. Wenn ja, welchem Elternteil wurde die elterliche Gewalt zugesprochen: ....

Die folgenden Fragen müssen nur dann beantwortet werden, wenn die leibliche Mutter des Kindes entweder verstorben, unbekannt oder ihre gegenwärtige Adresse unbekannt ist. In diesem Falle müssen auch *alle folgenden* Fragen beantwortet werden. Soweit Fragen nicht beantwortet werden können, ist entweder „unbekannt" oder „nicht betreffend" zu vermerken.

B. PERSONALIEN DER LEIBLICHEN ELTERN DES KINDES

Vater

11. Familienname des Vaters: .... Vornamen: ....

    Andere Namen, alias, etc. ....

12. Geboren am: .... in: .... (Gemeinde) (Kreis) (Land)

13. Genaue Adresse: (Falls die derzeitige Adresse nicht bekannt ist, ist die letzte bekannte Adresse und der Zeitpunkt, zu dem der Vater dort gewohnt hat, anzugeben): ....

14. Gegenwärtige und frühere Staatsangehörigkeit (es ist zwischen Reichsdeutsch und Volksdeutsch zu unterscheiden): ....

    a. War der Vater Auslandsdeutscher? ....

    b. Wenn ja, in welchem Land hat er gelebt? ....

15. Falls verstorben, wann und wo: ....

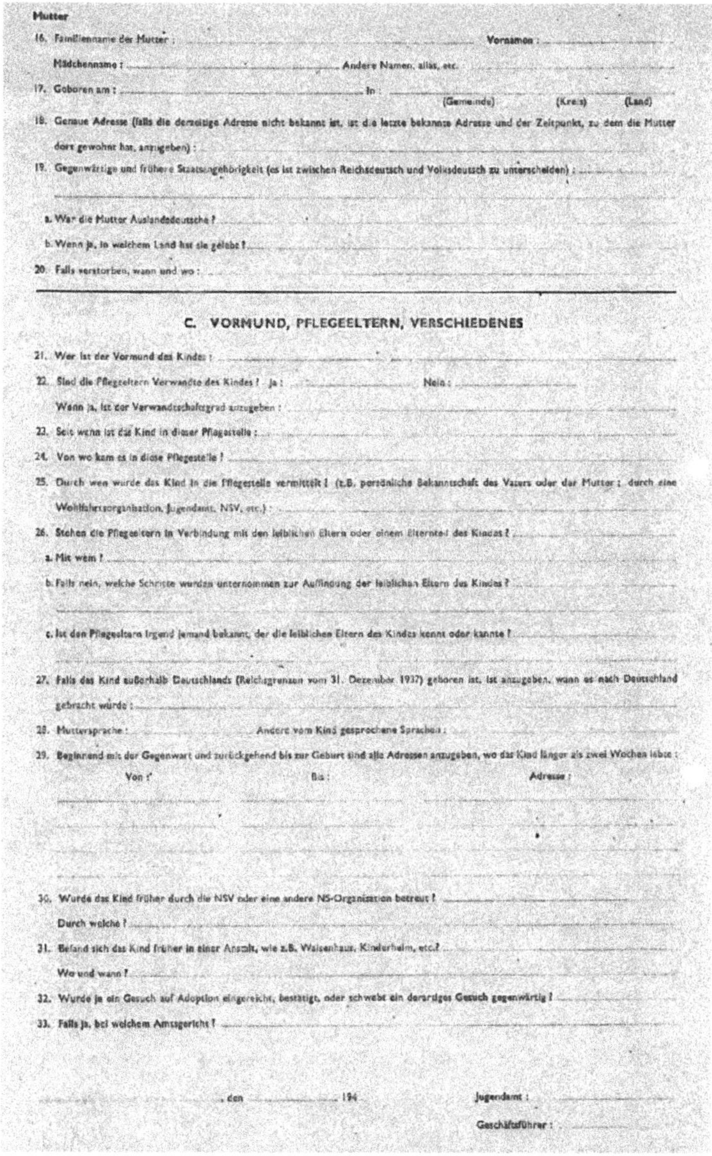

Mutter

16. Familienname der Mutter : Vornamon :

Mädchenname : Andere Namen, alias, etc.

17. Goboren am : In :
(Gemeinde) (Kreis) (Land)

18. Genaue Adresse (falls die derzeitige Adresse nicht bekannt ist, ist die letzte bekannte Adresse und der Zeitpunkt, zu dem die Mutter dort gewohnt hat, anzugeben) :

19. Gegenwärtige und frühere Staatsangehörigkeit (es ist zwischen Reichsdeutsch und Volksdeutsch zu unterscheiden) :

a. War die Mutter Auslandsdeutsche ?

b. Wenn ja, in welchem Land hat sie gelebt ?

20. Falls verstorben, wann und wo :

C. VORMUND, PFLEGEELTERN, VERSCHIEDENES

21. Wer ist der Vormund des Kindes :

22. Sind die Pflegeeltern Verwandte des Kindes ? Ja : Nein :

Wenn ja, ist der Verwandtschaftsgrad anzugeben :

23. Seit wann ist das Kind in dieser Pflegestelle :

24. Von wo kam es in diese Pflegestelle ?

25. Durch wen wurde das Kind in die Pflegestelle vermittelt ? (z.B. persönliche Bekanntschaft des Vaters oder der Mutter ; durch eine Wohlfahrtsorganisation, Jugendamt, NSV, etc.) :

26. Stehen die Pflegeeltern in Verbindung mit den leiblichen Eltern oder einem Elternteil des Kindes ?

a. Mit wem ?

b. Falls nein, welche Schritte wurden unternommen zur Auffindung der leiblichen Eltern des Kindes ?

c. Ist den Pflegeeltern irgend jemand bekannt, der die leiblichen Eltern des Kindes kennt oder kannte ?

27. Falls das Kind außerhalb Deutschlands (Reichsgrenzen vom 31. Dezember 1937) geboren ist, ist anzugeben, wann es nach Deutschland gebracht wurde :

28. Muttersprache : Andere vom Kind gesprochene Sprachen :

29. Beginnend mit der Gegenwart und zurückgehend bis zur Geburt sind alle Adressen anzugeben, wo das Kind länger als zwei Wochen lebte :

Von : Bis : Adresse :

30. Wurde das Kind früher durch die NSV oder eine andere NS-Organisation betreut ?

Durch welche ?

31. Befand sich das Kind früher in einer Anstalt, wie z.B. Waisenhaus, Kinderheim, etc.?

Wo und wann ?

32. Wurde je ein Gesuch auf Adoption eingereicht, bestätigt, oder schwebt ein derartiges Gesuch gegenwärtig ?

33. Falls ja, bei welchem Amtsgericht ?

, den 194

Jugendamt :

Geschäftsführer :

Ein Blanko-Exemplar des gelben Fragebogens, mit dem 1949 alle alleinstehenden Kinder in den Westzonen erfasst wurden

Die Journalistin ist verblüfft. Warum beim Deutschen Roten Kreuz in München? Endlich kann Margret Schlenke eine Frage beantworten. Nach der Auswertung der gelben Fragebögen hat der ITS »Fälle« an das Deutsche Rote Kreuz in München beziehungsweise an seinen Kindersuchdienst in Hamburg abgegeben. Und zwar diejenigen, bei denen sich herausgestellt hatte, dass das Kind ein deutsches und kein ausländisches Kind war. So sah nämlich die Arbeitsteilung aus: Der ITS war für die ausländischen Kinder zuständig, das DRK für die deutschen.

Die Journalistin muss noch einmal nachfragen. Wenn Klaus B. auf dem gelben Fragebogen als deutsches Kind deklariert worden ist – er ist ja angeblich in Dresden geboren –, wurde sein »Fall« nach München oder Hamburg weitergegeben? Margret Schlenke nickt. Dann könnte der ausgefüllte gelbe Fragebogen dort liegen? Margret Schlenke nickt erneut. Alles klar! Dann geht sofort eine Anfrage ans Rote Kreuz in München.

Am nächsten Tag recherchiert die Journalistin noch einmal in der Datenbank des ITS. Was sie findet, sind Details – »Fitzel« nennt eins der Lebensborn-Kinder diese kleinen Informationen, die Bekanntes bestätigen, ein bisschen klarer machen und im besten Fall erweitern. Ein Fitzel betrifft das Geburtsdatum von Klaus B. In den Lebensborn-Dokumenten ist es noch korrekt angegeben, stellt sie fest: 11. Juni 1938. Das falsche Datum wurde ihm später zugeschrieben. Wieder die Frage: War es Schlamperei? Ein Zahlendreher? Vielleicht eine Verwechslung des Geburtsjahrs mit der Hausnummer 39 der Schäfer-Wohnung in Köslin? Oder steckt eine bewusste Fälschung dahinter, um die Identität zu verschleiern? Und wer war dann der Fälscher?

Zum Schluss gibt sie als Suchbegriff »Gaukinderheim Kalisch« ein, wohin Czesław als Erstes verfrachtet wurde. Zwanzig Dokumente zeigt die Datenbank an, darunter ein Bericht über die polizeiliche Meldestelle des Heims, Aussagen ehemaliger Angestellter, die den Heimalltag schildern und von einzelnen Kindern berichten … Von Czesław B. alias Klaus B. ist allerdings nicht die Rede. Aber der Journalistin wird klar: Mit diesem Kinderheim muss sie sich näher beschäftigen. Dort hat Czesław ein paar Monate gelebt, dort ist seine Erinnerung zerstört worden, dort hat er deutsch sprechen gelernt.

Mit einer Liste von Fragen ist sie nach Arolsen gefahren. Die wenigsten sind beantwortet, stattdessen sind neue dazugekommen. Aber es gibt Ansatzpunkte für weitere Recherchen, beim Deutschen Roten Kreuz in München und in Polen, wo vermutlich Material über das Gaukinderheim Kalisch liegt. Margret Schlenke schüttelt zwar den Kopf. In Polen würde die Journalistin bestimmt nichts finden. Aber die hat das Recherchefieber schon wieder gepackt. Sie wird schon etwas finden.

Diagnose

Je mehr sich die Journalistin in die Dokumente vertieft, desto weiter rückt Klaus B. an den Rand. Während sie mit der Frage unterwegs ist, warum er nicht früher gefunden wurde, »vergisst« sie ihren Protagonisten. Die Eigendynamik der Recherche treibt sie einfach immer weiter. Aber das ist nur die halbe Wahrheit. Klaus B. braucht die Informationen nicht, die sie zusammenpuzzelt. Das wird ihr immer stärker bewusst. Nicht einmal die zentrale Frage, in welchem Jahr er verschleppt wurde, 1942 oder 1943, scheint für ihn von Bedeutung zu sein. Dass er damals nicht vier Jahre alt war, sondern schon fünf, hakt er einfach ab. Als wäre es unwichtig, wie lange er in seiner polnischen Familie gelebt und ihre Fürsorge und Liebe erfahren hat. Ein ganzes Jahr länger als zuerst angenommen! Ein Jahr, in dem seine Fähigkeiten und sein Selbstbewusstsein gewachsen sind!

Andererseits: Was ändert sich mit diesem Wissen? Es ist, wie es ist – mit dieser einfachen Wahrheit musste er immer zurechtkommen. Das war seine Aufgabe, und die hat er gelöst. Man könnte das schicksalsergeben nennen. Aber damit hat er sich am Leben erhalten. Und den Schmerz in die Tiefe gedrängt. Alles, was die Journalistin hervorkramt, könnte daran rühren. Ist es da nicht besser, es zu ignorieren und an sich abgleiten zu lassen?

»Wir sollten unsere Familien schnell vergessen«: Recherchen in polnischen Archiven

Kalisz/Kalisch – für Czesław die erste Station seiner Verschleppung – liegt an der Bahnstrecke zwischen Poznań/Posen und Łódź/Litzmannstadt, knapp zweihundert Kilometer von Rogoźno entfernt. Der Kindertransport war also einige Stunden unterwegs, bis er Kalisz/Kalisch erreichte und die Mädchen und Jungen im Gaukinderheim landeten, einem ehemaligen Nonnenkloster mitten in der Stadt.

Wie mag es heute dort aussehen?, fragt sich die Journalistin. Ob das Gebäude noch existiert? Ob wieder Nonnen dort leben? Vielleicht wissen sie etwas über das Kinderheim? Und: Gibt es in Kalisz ein Archiv, wo Dokumente liegen könnten?

Sie erkundigt sich bei Barbara Paciorkiewicz. Die ist nicht nur selbst Betroffene, sie war auch viele Jahre lang Vorsitzende eines Vereins polnischer Kinder, die »germanisiert« wurden. Sie kennt daher viele Lebensgeschichten – und sie hat auch gute Kontakte zu polnischen Archiven. Aber Kalisch ist für sie ein weißer Fleck. Als sie hört, dass die Journalistin über das Gaukinderheim recherchiert, bietet sie spontan ihre Hilfe an. In den nächsten Tagen telefoniert sie herum, macht in Kalisz ein Archiv ausfindig, erfragt Dokumentenbestände. Und schlägt vor, zusammen mit der Journalistin nach Kalisz zu fahren und ihr zur Seite zu stehen. Besser geht es nicht.

Das Archiv ist in einer ehemaligen Kaserne am Stadtrand untergebracht. Im Lesesaal sitzen fünf, sechs Besucherinnen und Besucher und wälzen dicke Einwohnerlisten. Das sieht nach Familienforschung aus. Für die Journalistin liegt schon ein Aktenstapel bereit, alte Papierdokumente, die sie abfotografieren darf. Auch das hat Barbara Paciorkiewicz schon geregelt.

Der größte Teil des Materials stammt aus der Sammlung »Tadeusz Martyn«. Martyn war Polizeibeamter und »Delegierter der Kommission zur Aufklärung der Hitlerverbrechen«. Das Gaukinderheim lag ihm offenbar am Herzen, noch viele Jahre nach Kriegsende hat er Zeitzeugen aufgespürt und ihre Erinnerungen protokolliert. Da berichten polnische Frauen, die im Heim gearbeitet haben, da erzählen verschleppte Kinder, die nach dem Krieg in ihre Heimat zurückgekehrt sind, was ihnen widerfahren ist. Alles auf Polnisch natürlich, aber Barbara Paciorkiewicz hilft, die wichtigsten Passagen zu finden – und übersetzt sie rasch ins Deutsche.

Den Bericht von Anna Bryś zum Beispiel, die 1975 mit Martyn gesprochen hat. Sie war Nonne, trug aber im Krieg Zivil und arbeitete in der Küche des Heims. Insgesamt waren – so ihre Erinnerung – noch fünf andere polnische Frauen und ein Mann im Heim angestellt, sieben Personen also, die für Kochen, Waschen, Putzen und Gartenarbeit zuständig waren. Andere Zeitzeugen, stellt die Journalistin später fest, sprechen von acht oder zehn polnischen Angestellten. Wie auch immer: Für die Kinder stellten sie eine Brücke nach draußen dar, denn sie schmuggelten Briefe hinaus und umgekehrt Briefe und Päckchen hinein. Größere Mädchen und Jungen, die schreiben konnten und sich an eine Adresse erinnerten, hatten also die Chance, Angehörige zu erreichen – so »bindungslos«, wie die Nationalsozialisten behaupteten, waren die Kinder nämlich nicht. So erfuhren Mütter, Väter, Verwandte oder Pflegeeltern, wohin man die Mädchen und Jungen gebracht hatte und konnten versuchen, ihnen zu helfen. Einer Mutter gelang es, ihre Tochter im Heim zu besuchen, zwei-, dreimal erreichten Angehörige, dass sie ihre Kinder zurückbekamen.

Dabei wurde einiges getan, um den Kontakt zwischen Kindern und Angehörigen zu verhindern. So richteten die Nazis eine eigene »Polizeiliche Meldestelle Heim Kalisch/Warthegau« ein. Dort wurden die Kinder zwar ordnungsgemäß polizeilich angemeldet, es gab aber keine Verbindung zur städtischen Behörde, sodass der Aufenthalt der Mädchen und Jungen geheim blieb. Eine Praxis, mit der die Lebensborn-Heime in Deutschland seit Jahren operierten.

Czesław hatte vermutlich keine Chance, seine Familie zu erreichen. Mit seinen fünf Jahren konnte er noch nicht schreiben. Und wenn ihm jemand bei einem Briefchen geholfen hätte, kannte er die Adresse seiner Familie? Den Wohnort vielleicht, aber die Straße, die Hausnummer? Später versicherten Marta und Jan B. immer wieder, dass sie seit seinem Verschwinden nie mehr etwas von Czesław gehört hätten.

Ein zweiter Bericht stammt von Maria Pinczewska, die ebenfalls im Gaukinderheim beschäftigt war. Sie stellte ihre Adresse für die heimliche Angehörigen-Post zur Verfügung, schrieb die ursprünglichen Namen von einigen Kindern auf und notierte manchmal sogar ihre Heimatadressen. Die polnischen Angestellten wussten also, dass die Mädchen und Jungen umbenannt wurden, um ihre Identität auszuradieren. Sie wussten auch, dass die Kinder geschlagen wurden, wenn sie polnisch sprachen. Und sie wussten, dass ein Junge im Heim zu Tode gekommen war. Niemand hatte es gesehen, aber es gab Gerüchte: Zygmunt Światłowski, der unverdrossen mit »Dzień Dobry« grüßte, sei von der Heimleiterin gegen eine defekte Stromleitung gestoßen worden und daran gestorben. Was die Angestellten allerdings gesehen hatten, war das aufgebahrte tote Kind, dessen Körper blau verfärbt war.

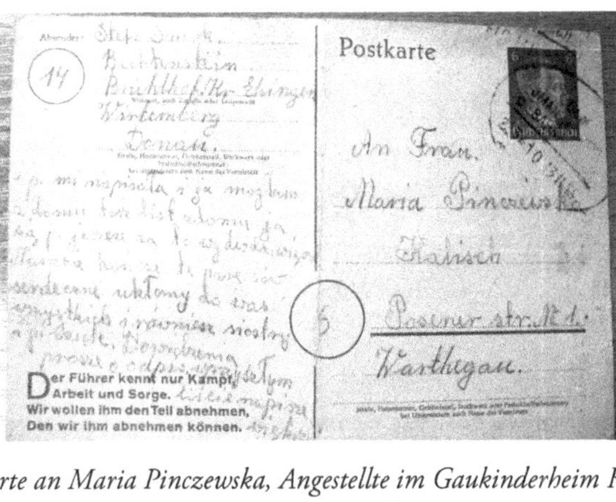

Postkarte an Maria Pinczewska, Angestellte im Gaukinderheim Kalisch, November 1944

Maria Pinczewska hob ihre kleinen Notizzettel und das Heft mit den Namen und Adressen der Kinder auf. Später übergab sie alles Tadeusz Martyn, auch die Postkarte, die eine Stefi Smok ihr im November 1944 geschrieben hatte, auf Polnisch. Das Mädchen war mittlerweile aus dem Gaukinderheim nach »Wirtemberg« (vermutlich in die Heimschule in Achern) weitergeschickt worden und versuchte mithilfe von »Pani« Pinczewska, den Kontakt zu anderen Mädchen aus Kalisz/Kalisch aufrechtzuhalten.

Aus den Erinnerungen der längst erwachsenen Kinder, die Tadeusz Martyn aufgeschrieben hat, entsteht der Eindruck eines brutalen Heimalltags. Dass die deutschen Angestellten nach dem Krieg bei der IRO ein weichgezeichnetes Bild ablieferten, wundert nicht. Sie wollten sich reinwaschen.

Wenn die Mädchen und Jungen im Heim ankamen, mussten sie ihre Kleidung abgeben und bekamen »neue« Anziehsachen. Die Heimleiterin Johanna Zander erklärte später, die Kinder seien abgerissen und verlaust in Kalisz/Kalisch eingetroffen. Das mochte bei Mädchen und Jungen der Fall sein, die vorher monatelang von einem Heim zum anderen geschickt worden waren, dort manchmal auf Stroh schlafen mussten und sich kaum waschen konnten. Auf einen Jungen wie Czesław, der direkt aus seinem Elternhaus nach Kalisz/Kalisch verfrachtet worden war, traf das nicht zu. Der Kleiderwechsel hatte eine andere Funktion: »Wir sollten unsere Familien schnell vergessen«, erklärt Czesław Wojciechowski, der als Achtjähriger nach Kalisz/Kalisch deportiert worden war. Aus demselben

Grund wurden den Kindern auch persönliche Gegenstände fortgenommen.

Eigentlich sollten die Mädchen und Jungen – zwischen drei und vierzehn Jahre alt – vier bis sechs Wochen im Heim bleiben. Tatsächlich verbrachten die meisten zwei, drei und mehr Monate dort, weil sie »schwer erziehbar« waren, wie Heimleiterin Zander später behauptete. In diesen Monaten überprüfte man sie auf ihre »Erziehungs- und Bildungsfähigkeit« (O-Ton Zander), tatsächlich wurden sie um-erzogen, um-trainiert, gehirngewaschen. Vor allem mussten sie Deutsch lernen, polnisch zu sprechen war bei Strafe verboten, daran erinnern sich alle, die Martyn befragt hat. Sie waren also erst einmal sprachlos.

Wer ungehorsam war, bekam kein Essen, wurde geschlagen und im schlimmsten Fall ins »Verlies« gesteckt. Erziehungsmethoden, die damals nicht unüblich waren, von den Nazis aber extensiv eingesetzt wurden. Es herrschte, so Czesław Wojciechowski, »eine Disziplin wie bei den Soldaten«. Heimleiterin Zander setzte 1949 ein idyllisches Bild dagegen:

> *Die Mädchen verrichteten Hand- und Hausarbeiten, während die Buben mit Spiel und Bastelarbeiten beschäftigt wurden.*[31]

Von Strafen und vom Zwang, Deutsch zu sprechen, war in ihrer Aussage nicht die Rede, und auch die Erzieherin Else Burghardt, die selbst Polnisch sprach, verlor darüber kein Wort. Für die Angestellten war es offenbar selbstverständlich, dass »deutschstämmige Kinder«, »Kinder volksdeutscher Abstammung«, Kinder »einwandfrei deutscher Abstammung«, so Johanna Zanders immer wiederkehrende Behauptungen, Deutsch sprechen mussten.

Der damals elfjährige Jan Tłoczyński aus Rogoźno erinnerte sich fünfundvierzig Jahre nach dem Krieg, dass im Heim Fotos gemacht und Dokumente angefertigt wurden. Vielleicht bei der Ankunft im Heim, vielleicht bei der »Abschlussbegutachtung«, wenn die Kinder noch einmal auf den Prüfstand gestellt wurden. Dann schrieb die Heimleiterin einen Erziehungsbericht, außerdem wurde ein psychologisches Gutachten erstellt. Schließlich fällte eine Kommission das endgültige Urteil, ob ein Kind »eindeutschungsfähig« war und wohin es weitergeschickt wurde, in eins der Lebensborn-Heime (nach Bad Polzin oder ins österreichische Oberweis) oder in die Deutsche Heimschule von Achern oder von Niederalteich.

Die Journalistin hatte gehofft, im Archiv von Kalisz psychologische Gutachten und Erziehungsberichte zu finden. Oder Kinderfotos wie die von Barbara Paciorkiewicz: »Verbrecherfotos« von drei Seiten, am unteren Rand die Nummer, unter der die Mädchen und Jungen registriert wurden.

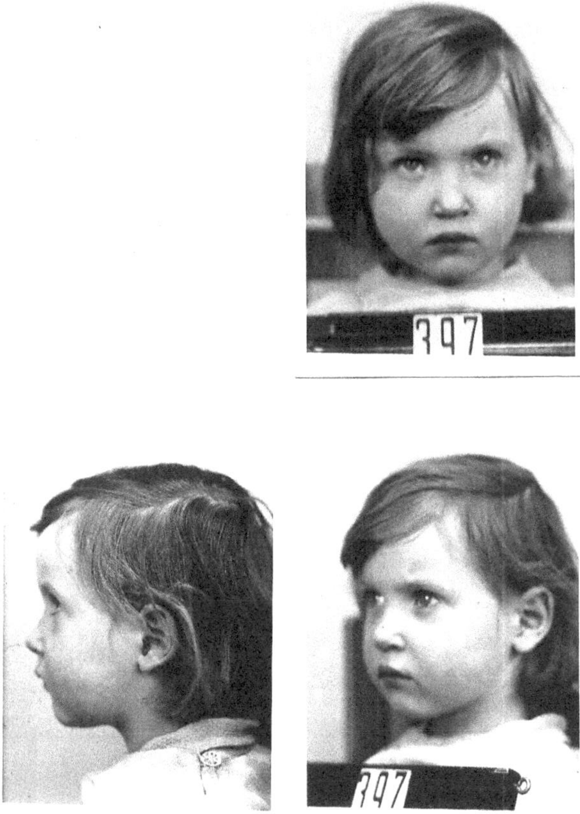

Drei Fotos von Barbara Paciorkiewicz, vermutlich 1942 in Łódź/ Litzmannstadt aufgenommen, wo sie geraubt wurde

Aber Fehlanzeige, das Archiv besitzt so etwas nicht. Wurden die Unterlagen zusammen mit den Kindern auf den Transport geschickt? Das legt eine Aussage von Norbert Schwab nahe, seit Sommer 1944 Leiter des Lebensborn-Heims in Bad Polzin. Er erklärte im RuSHA-Prozess, er habe die »Führungsberichte« eines Kinderheims im Warthegau bekommen. Und die beiden Lebensborn-Angestellten Maria-Martha Heinze-Wisswede und Erich Schulz gaben dort zu Protokoll, Berichte über Kinder, die der Lebensborn übernommen hatte, seien durch ihre Hände gegangen. Nur: All diese Dokumente sind verschwunden.

Ein Foto findet die Journalistin in Kalisz allerdings doch. Es zeigt Johanna Zander und sechs andere Frauen im herbstlich-kalten Garten des Gaukinderheims. Vier Frauen tragen weiße Schürzen, zwei einen dunkleren Arbeitskittel und eine unbestimmte Kopfbedeckung – vielleicht eine angedeutete Schwesternhaube. Eine Erläuterung zum Foto gibt es nicht. Was die Journalistin sieht: Johanna Zander in Schwarz. Geballte Fäuste. Eine strenge Frisur. Ein hartes Gesicht. Und ein mühsames Lächeln für den Fotografen. Keine Heimleiterin zum Liebhaben. Aber das brauchte sie auch nicht zu sein: Johanna Zander hatte offenbar keinen Kontakt zu den Kindern. 1949 erklärte sie, sie habe die Abschlussberichte aus den Schilderungen der Erzieherinnen zusammengeschrieben.

Sieben Angestellte des Gaukinderheims Kalisch, rechts die Heimleiterin Johanna Zander. Die beiden Frauen ohne Schürze sind vermutlich Nonnen.

> *Durch das Gaukinderheim in Kalisz gingen sehr viele Kinder. Es ist bisher noch immer nicht gelungen, alle Namen festzustellen,*

notierte Tadeusz Martyn 1969 in einem kurzen Bericht. Auf einer handgeschriebenen Liste aus der Nachkriegszeit, die die Journalistin im Archiv findet, stehen 143 Kinder-Namen, teils mit, teils ohne Geburtsdatum und Adresse. Einige sind durchgestrichen, die Handschrift wechselt – die Liste wurde offenbar ständig aktualisiert. Der Name Czesław B. taucht nicht auf, obwohl andere Kinder aus Rogoźno – Leon und Alojzy Twardecki zum Beispiel – genannt werden. Vermutlich, weil sie nach Polen zurückgekehrt sind und deshalb erfasst werden konnten.

Heimleiterin Zander gab 1949 zu Protokoll, dass circa 250 Kinder durch das Heim geschleust worden seien, insgesamt. 250 Kinder, in einem Heim, das für fünfzig bis sechzig Mädchen und Jungen Platz hatte und zwei Jahre lang in Betrieb war?, fragt sich die Journalistin und stellt eine einfache Hochrechnung an. Die oben genannte Kapazität kombiniert mit der Zeit, die die Kinder im Heim lebten (im Schnitt zehn Wochen), ergibt eine mindestens doppelt so große Zahl.

Sie sollte einem Hinweis von Ines Hopfer nachgehen, überlegt die Journalistin. Die Historikerin erwähnt in ihrer Studie über verschleppte polnische Kinder[32] ein »Meldebuch« des Gaukinderheims. Darin müssten eigentlich – dank deutscher Gründlichkeit – alle Kinder eingetragen sein, die im Heim polizeilich gemeldet waren. Auch Czesław B.! Aber dieses »Meldebuch« liegt nicht in Kalisz, schreibt Ines Hopfer auf Anfrage, sondern im Instytut Pamięci Narodowej (IPN), dem Institut für nationales Gedenken in Warszawa/Warschau.

Leicht ist es nicht, im IPN vorgelassen zu werden. Zuerst sind seitenlange Anträge auszufüllen, dann kommt keine Antwort – bis Barbara Paciorkiewicz sich einschaltet. Man kennt sie als frühere Vorsitzende des Vereins verschleppter polnischer Kinder und als Betroffene, die ihr Schicksal öffentlich gemacht hat.

Als sich die IPN-Türen schließlich für die Journalistin und Barbara Paciorkiewicz öffnen, stellt sich schnell heraus, dass unter der fraglichen Signatur kein »Meldebuch«, sondern ein »Personenbestandsbuch« des Gaukinderheims Kalisch abgelegt ist. Ein Unterschied von Bedeutung – aber das wird der Journalistin erst später klar. Erst einmal klickt sie sich durch eine Digitalversion der roten Kladde und zählt: 189 Einträge. Der erste stammt vom 11. März 1942, er wurde noch im Vorgängerheim Bruckau gemacht, der letzte trägt das Datum 21. Dezember 1943, danach folgen nur noch leere Seiten. Das heißt: Das Jahr 1944, das zweite Betriebsjahr des Gaukinderheims Kalisch, fehlt. Es muss ein zweites Personenbestandsbuch geben. Aber der Archiv-Mitarbeiter schüttelt den Kopf. Er weiß es nicht. Und das »Meldebuch«? Darüber weiß er nichts. Später findet die Journalistin heraus, dass es nicht mehr existiert. Es wurde am Kriegsende verbrannt, sagt man ihr.

Also muss sie sich wohl oder übel mit dem Vorhandenen zufriedengeben – und erlebt noch eine zweite Enttäuschung. Die rote Kladde hält nämlich nur fest, wer an welchem Tag in das Heim gekommen ist und wer es wann verlassen hat. Dabei sind die Namen der Erwachsenen, der Angestellten und Besucher, sorgfältig festgehalten, während die Kinder nur quantitativ erfasst werden. Unter dem jeweiligen Datum steht lediglich »8 Kinder« oder »2 Kinder aus L'stadt gekommen«. Keine Namen also, allerdings häufig die Orte, aus denen die Mädchen und Jungen ins Heim gebracht oder wohin sie später weitergeschickt wurden. Auch hier also keine Chance, Czesław B. ausfindig zu machen.

Doch dann entdeckt die Journalistin unter dem Datum 27. September 1943 in der Rubrik »Zugang« »8 Kinder aus Obornik«. Sind das die Kinder aus Rogoźno?

Das Datum stimmt, Alojsy Twardeckis Mutter hat exakt diesen Tag als Datum der Verschleppung angegeben. Auch die Zahl stimmt – jedenfalls ungefähr, denn in der Broschüre aus Rogoźno ist von neun Kindern die Rede. Und vielleicht sind die Kinder deshalb unter Obornik verbucht, weil sie dort einer ersten »Rassenprüfung« unterzogen wurden …

Auch wenn die Namen der acht Kinder fehlen, so hält das »Personenbestandsbuch« doch ihr Alter fest. Zwei Kinder sind in der Spalte »drei und sechs Jahre« eingetragen, sechs in der Spalte »sechs und vierzehn«. Czesław – geboren am 11. Juni 1938 – muss einer der beiden jüngeren sein, und der andere ist zweifellos Alojsy Twardecki, der am 23. März 1938 geboren wurde. Danach war Czesław der Jüngste in der Gruppe der verschleppten Kinder aus Rogoźno. Und der Schutzloseste. Der gleichaltrige Alojsy hatte anfangs seinen älteren Cousin Leon neben sich, einen festen Bezugspunkt im Chaos der Deportation.

So schmal die Informationen aus dem »Personenbestandsbuch« auch sind, es lässt sich noch eine Information daraus ablesen. Mit »8 Kinder aus Obornik« ist definitiv klar, dass Czesław B. von Rogoźno aus direkt ins Gaukinderheim Kalisch verfrachtet wurde. Er war also vorher nicht in Łodź/Litzmannstadt, wie es in der Broschüre aus Rogoźno heißt. Diese erste Station, die viele andere Kinder durchlaufen mussten, wurde offenbar im Laufe der Zeit gestrichen, um das »Germanisierungsverfahren« abzukürzen.

Wie lange Czesław im Gaukinderheim gelebt hat, wann er von Kalisz/Kalisch nach Bad Polzin weitertransportiert wurde, darüber gibt das »Personenbestandsbuch« keine Auskunft. Klar ist nur, dass nach seiner Einlieferung am 27. September 1943 zwei Monate vergingen, ehe man wieder Kinder aus dem Heim fortbrachte. »3 Kinder weg«, heißt es schwer leserlich am 27. November 1943, und »2 Kinder weg« am 1. Dezember 1943. Bei früheren Einträgen ist häufig vermerkt, wohin sie gebracht wurden und wer sie begleitete – bei diesen beiden Daten fehlen solche Angaben.

Vielleicht gehörte Czesław zu den fünf Kindern, die Ende 1943 fortgeschafft wurden – in beiden Transporten befand sich ein Kind aus seiner Altersgruppe. Aber es kann genauso gut sein, dass er weiter im Heim blieb. Eins jedenfalls ist klar: Der Fünfjährige hat mindestens zwei Monate in Kalisz/Kalisch gelebt. Wahrscheinlich länger, denn der Lebensborn schloss erst im Februar 1944 für ihn die Krankenversicherung ab.

Und die Ausgangsfrage, mit der die Journalistin ins Warschauer Archiv gefahren ist? Wie viele Kinder insgesamt durch das Gaukinderheim geschleust wurden? Noch einmal zählt sie die Einträge durch. Zwischen dem 28. Mai und dem 21. Dezember 1943, dem Zeitraum, für den Daten existieren, wurden vierundneunzig Kinder als »Zugang« ins »Personenbestandsbuch« eingetragen. Vierundneunzig Kinder in sieben Monaten ... Die Zahlenangabe von Johanna Zander – circa 250 – erscheint nicht mehr ganz unwahrscheinlich.

Es ist später Nachmittag, als Barbara Paciorkiewicz und die Journalistin das Archiv in Kalisz verlassen. Trotzdem wollen sie noch zum ehemaligen Gaukinderheim. Barbara Paciorkiewicz kennt die Adresse. Und sie weiß auch, dass dort wieder ein Kloster untergebracht ist. Ob sie willkommen sind, weiß sie allerdings nicht.

Zwei Nonnen in Arbeitskleidung strahlen die Besucherinnen an, als sie an der Pforte vorbei den Hof betreten. Sie stapeln gerade Gemüsekisten – im hinteren Teil des Klosters liegt ein großer Garten, in dem sie ihr eigenes Obst und Gemüse anbauen, erzählen sie stolz. Die Jüngere läuft los, sie will die Oberin holen. Die Journalistin schaut sich solange um: vor ihr ein wehrhaftes altes Gebäude mit dicken Mauern und vergitterten Fenstern im Erdgeschoss. Eine schmale Treppe führt in den Keller – war hier das Verlies, von dem eins der Kinder gesprochen hat? Rechter Hand, parallel zur Straße ein langgestreckter Backsteinbau, das muss die Schule sein, die heute von den Nonnen betrieben wird. Daran schließen sich ein schweres geschlossenes Tor und eine übermannshohe Mauer an.

Die Nonne kommt zurück und führt die Besucherinnen in ein Sprechzimmer. Die Oberin wartet schon – sie hat Zeit für die beiden. Natürlich weiß sie, dass während des Krieges ein Heim im Kloster untergebracht war, wo Kinder »germanisiert« wurden. Das sei auch in einer Broschüre über die

Geschichte des Klosters festgehalten, erzählt sie und zeigt das kleine Heft. Dokumente aus dieser Zeit hätten sie allerdings nicht. Zum Ausgleich schlägt sie vor, die Besucherinnen herumzuführen. Es geht durch einen langen Kreuzgang, eine Tür steht offen, die Küche, ein kurzer Blick, schon sind sie wieder im Hof. Die Journalistin ist ein bisschen enttäuscht, sie hatte gehofft, die Räume zu sehen, in denen die Kinder gelebt haben. Aber ein Kloster ist kein Haus der offenen Tür.

Stattdessen wandern sie um das Hauptgebäude herum in den Garten – auch er von einer hohen Mauer umgeben. Dem Gaukinderheim wird diese Abgeschlossenheit gut ins Konzept gepasst haben. Gemüsebeete, Obstbäume, dazwischen Blumen. Dann die Kirche, irgendwie barock. Wenige Schritte davon entfernt eine Kapelle – die Leichenhalle, erfahren die Besucherinnen. Hier stand vermutlich der Sarg des Jungen, der damals durch einen Stromschlag getötet wurde. Hier sollen Kinder eingesperrt worden sein, die nicht gehorchten, erzählt man uns. Ein Glöckchen bimmelt, die Oberin muss zum Gebet. Die Besucherinnen verabschieden sich. Draußen braust der Verkehr, es ist warm, die Sonne scheint …

Es fällt der Journalistin schwer, sich dieses von freundlichen Nonnen bewohnte Haus als Zwangsanstalt vorzustellen, unter der Fuchtel einer strengen Heimleiterin. Wie mag der fünfjährige Czesław diese Umgebung wahrgenommen haben, als er hier ankam? Verängstigt, verstört, weil er zum ersten Mal im Leben allein in einer völlig fremden Umgebung war? Weil er nicht verstand, was mit ihm und den anderen Kindern geschah? Vermutlich war es auch damals warm, im September 1943. Aber dann kam der Herbst, es wurde grau und kalt und dunkel hinter den dicken alten Wänden …

An der Außenmauer des Klosters erinnern ein Relief und eine Inschrift an die deutsche Besatzung und an das Gaukinderheim. Weinende, schreiende, entsetzte Menschengesichter. Vergessen ist diese Tragödie hier nicht.

Relief an der Außenseite des ehemaligen Kaukinderheims Kalisch

Puzzlestück: Psychologische Gutachten

Schlußbericht über Zyta Sus, geb. 6.6.34 in Litzmannstadt.
Vorgeschichte: Vom Gesundheitsamt Litzmannstadt eingewiesen, war in polnischer Pflegestelle untergebracht.
Ärztlicher Befund: Moro: -, Wa: -, Lunge: o.B.
Erziehungsbericht: Schmutzig, undiszipliniert, tut hemmungslos, was ihr gerade einfällt, unbeliebt bei den Kameraden, die sie hinterrücks stösst, zwickt, erzieherisch kaum beeindruckbar.
Psychologischer Befund: Erheblicher Entwicklungsrückstand, der weniger auf mangelnde intellektuelle Begabung als vielmehr auf eine hemmungslose Triebhaftigkeit zurückzuführen ist. Bruckau, den 26.3.42. Gez. Dr. Hetzer.
Für den Einsatz nicht geeignet. Gez.: Massury, SS-Hptst. Bruckau, den 1.4.42

Schlußbericht über Andrzey S., geb. 4.9.1933.
Vorgeschichte: Vom Gesundheitsamt Litzmannstadt eingewiesen, war in polnischer Pflegestelle untergebracht.
Ärztlicher Befund: Moro: -, Wa: -, Lunge: o.B.

Erziehungsbericht: Zurückgeblieben, unruhig und unkonzentriert, kein Kontakt zu den Kameraden.
Psychologischer Befund: Entwicklungsrückstand, der nicht so sehr durch intellektuelle Mängel, als vielmehr durch Mängel des Willenslebens bedingt ist. Motorisch übererregbar, sprunghaft und gänzlich planlos im Handeln. Bruckau, den 24.3.42. Gez. Dr. Hetzer.
Für den Einsatz nicht geeignet. Gez.: Massury, SS-Hptst. Bruckau, den 1.4.42

Schlußbericht über Jan S., geb. 25.7.1931
Vorgeschichte: Vom Gesundheitsamt Litzmannstadt eingewiesen, war in polnischer Pflegestelle untergebracht.
Ärztlicher Befund: Moro: -, Wa: -, Lunge: o.B.
Erziehungsbericht: Führt sich unter den Augen des Erziehers musterhaft, hinter seinem Rücken ist er disziplinlos, grob und unverträglich mit den Kameraden, stört dauernd die Gemeinschaft, ist erzieherisch wenig nachhaltig beeinflußbar.
Psychologischer Befund: Intellektuell durchschnittlich begabt, biegt die Gegebenheiten seinen Wünschen entsprechend um, ordnet sich schlecht ein, ist rücksichtslos zu den Kameraden, gibt an, schwindelt, charakterlich regelwidrig veranlagt. Bruckau, den 26.3.42. Gez. Dr. Hetzer.
Für den Einsatz nicht geeignet. Gez.: Massury, SS-Hptst. Bruckau, den 1.4.42

Drei von zehn »Schlussberichten« aus dem Archiv des IPN in Łódź – auch dort fahndet die Journalistin nach Unterlagen über die verschleppten polnischen Mädchen und Jungen. Drei von zehn Berichten über acht- bis dreizehnjährige Kinder, die bis 1942 in »polnischen Pflegestellen« gelebt hatten, bis sie zum Zweck der »Germanisierung« einkassiert wurden. Allerdings erfüllten diese Kinder die Vorstellungen der »Rassenprüfer« der SS letztlich nicht, deshalb wurden sie nicht nach Deutschland weitergeschickt. Deshalb blieben ihre Dokumente in Polen und liegen heute in einem polnischen Archiv.

Johanna Zander, die schon im Vorgängerheim von Kalisch Heimleiterin war und hier wie dort die »Erziehungsberichte« verfasste, attestierte den Mädchen und Jungen, sie seien »unsauber«, »undiszipliniert«, »unkameradschaftlich« und ordneten »sich schlecht ein«. Alles in allem: Sie seien »erzieherisch wenig nachhaltig beeinflußbar«. Diese Kinder brachten angeblich nicht genug Potenzial mit – und aus ihnen konnte auch nichts werden. Das war für Johanna Zander schon nach wenigen Wochen klar. Schließlich hatte ein Kind, das »eingedeutscht« werden sollte, ordentlich, kameradschaftlich und anpassungsfähig zu sein.

Die Psychologin Hildegard Hetzer, von Himmler persönlich mit der Rolle der Gutachterin beauftragt (und später in der Bundesrepublik eine erfolgreiche Psychologie-Professorin), tönte in dasselbe Horn. »Willensschwach« seien die Kinder – hatte man ihren »Willen« nicht gerade gebrochen? »Unkonzentriert«, »übererregbar«, »unberechenbar« – waren sie nicht traumatisiert und verhielten sich deshalb so? »Charakterlich regelwidrig veranlagt« – was die »Regel« war, bestimmte natürlich die NS-Psychologin. Außerdem diagnostizierte sie bei der Hälfte der Kinder einen »erheblichen Entwicklungsrückstand« – war das nicht eine Folge des Heimaufenthalts? Sechs Mädchen und Jungen stufte sie als »wenig intelligent« bis »schwachsinnig« ein – weil sie ihr nicht auf Deutsch antworten konnten?

Wie viel Zeit wird Hildegard Hetzer auf jedes Kind verwandt haben, um eine »charakterliche Regelwidrigkeit« oder eine geringe Intelligenz festzustellen? Urteilte sie genauso unqualifiziert wie Johanna Zander, die ihre »Erziehungsberichte« aus dem zusammenschrieb, was ihr die Erzieherinnen sagten?

»Für den Einsatz nicht geeignet« urteilte SS-Hauptsturmführer Bernhard Massury abschließend und unterschrieb. Als habe man die Kinder für einen Fronteinsatz gemustert und für untauglich befunden.

Wer »ausgemustert« war, wurde zurückgeschickt. Allerdings landeten diese Kinder nicht bei den Pflegeeltern oder den Verwandten, von denen man sie fortgeholt hatte, sondern in einem Heim oder einem Kinderlager. Den »Rassenprüfern« waren sie damit allerdings nicht entkommen. Zyta Sus, das angeblich »schmutzige«, »undisziplinierte«, »hemmungslose« achtjährige Mädchen, wurde einige Zeit später noch einmal »begutachtet«, diesmal mit anderem Ergebnis. Denn nun kam sie zum »Einsatz« nach Deutschland und landete in der »Heimschule Achern«, einem Internat, in dem die größeren Mädchen einer linientreuen Erziehung unterworfen wurden. Die Leiterin Klara Keit betrachtete das Mädchen allerdings mit einiger Skepsis. Ob sie von der ersten Begutachtung wusste? Sie glaubte jedenfalls, in Zyta den

»Typ eines Zigeunerkindes« zu erkennen, das sich (deshalb?) nur schwer »in die Gemeinschaft der Zöglinge« einfügte.

Zyta Sus aber stand alle Attacken auf ihre kleine Persönlichkeit durch und schaffte es später, nach Polen zurückzukehren. Sie muss eine enorme Willensstärke aufgebracht haben, um sich »erzieherisch« nicht »beeinflussen« zu lassen.

Einen »Schlussbericht« über Czesław B. findet die Journalistin nicht, nicht in Kalisz, nicht in Warszawa, nicht in Łódź. Wie könnte ein solcher Bericht ausgesehen haben?, überlegt sie. Marta B., seine Mutter, hat den Jungen als begabtes, zärtliches und gehorsames Kind beschrieben. War er im Heim auch gehorsam? Die Journalistin lässt ihre Fantasie spielen und entwirft einen »Schlussbericht« über Czesław – wie er ausgesehen haben könnte:

Schlußbericht über Czesław B., geb. 11.6.38
Vorgeschichte: Vom Jugendamt Obornik eingewiesen, unehelich
Ärztlicher Befund: Moro: -, Wa: -, Lunge: o.B.
Erziehungsbericht: Still, gehorsam, wenig Kontakt zu den Kameraden.
Psychologischer Befund: Entwicklungsrückstand, nicht bedingt durch mangelnde intellektuelle Begabung, sondern durch schwache Lebensenergie. Motivierbar und erzieherisch nachhaltig beeinflußbar. Kalisch, den …
Gez. …
Für den Einsatz geeignet. Gez.: Massury, SS-Hptst. Kalisch, den …

Aber wie passt dieser (fingierte) Bericht mit der Verfassung zusammen, in der Czesław damals zu seiner Pflegefamilie gekommen ist, überlegt die Journalistin weiter. Der Junge hatte schwere Frostschäden, muss also bei starker Kälte längere Zeit draußen gewesen sein, vielleicht in nasser und kaputter Kleidung. Wie ist er dazu gekommen? Was sie sich vorstellen kann: Er ist fortgelaufen aus dem Heim und hat sich eine Zeitlang draußen herumgetrieben. Dann sähe der »Schlußbericht« über ihn allerdings ganz anders aus. Vielleicht so:

> *Schlußbericht über Czesław B., geb. 11.6.38*
> *Vorgeschichte: Vom Jugendamt Obornik eingewiesen, unehelich*
> *Ärztlicher Befund: Moro: -, Wa: -, Lunge: o.B.*
> *Erziehungsbericht: Unruhig, disziplinlos, kann sich nicht in die Gemeinschaft einfügen. Gehorcht nur auf wiederholte Anweisungen. Muss streng geführt werden.*
> *Psychologischer Befund: Entwicklungsrückstand, nicht bedingt durch mangelnde intellektuelle Begabung, sondern durch Verweigerung. Kalisch, den … Gez. …*
> *Für den Einsatz geeignet. Gez.: Massury, SS-Hptst. Kalisch, den …*

Aber hätte SS-Hauptsturmführer Bernhard Massury Czesław dann einen Eignungsstempel verpasst?

Fiktion

Es ist dunkel. Die anderen Kinder schlafen, als der Junge vorsichtig aus seinem Bett krabbelt. Die Hose und das

Hemd hat er unter dem Schlafanzug anbehalten. Jetzt greift er sich Schuhe und Jacke und tastet sich zur Tür, die Strümpfe vergisst er. Leise. Ist noch jemand im Büro? Nein. Wenn die Heimleiterin nicht da ist, sind auch die anderen nicht zu sehen. Er schleicht nach unten – ein Fenster des Kohlenkellers steht meistens offen. Vorsichtig zieht er sich hoch und schiebt sich nach draußen. Jetzt über den Hof, dann kommt die dicke Mauer. Er kennt eine Stelle, wo er hochklettern kann, hoffentlich findet er sie wieder. Ja, hier. Schon sitzt er rittlings oben, zu Hause hat er alle Bäume geschafft. Jetzt muss er springen. Und dann nur noch rennen. Er hört einen Zug, weit weg. Das ist seine Richtung, da muss er hin, sie sind mit einem Zug hierhergebracht worden. Er springt, schaut sich um – niemand zu sehen – und rennt die Straße entlang. Immer weiter. Als er endlich anhält, ist kein Zug mehr zu hören. Ob die Richtung noch stimmt? Er muss einen Zug finden, es ist weit bis nach Hause, das weiß er. Er rennt weiter. Die Häuser hören auf. Er läuft aufs Feld hinaus. Der Wind, jetzt erst merkt er, wie kalt es ist. Aber ihm ist warm. Er läuft, bis er eine Scheune findet. Er ist müde, er kriecht hinein. Ein paar Stunden später wacht er mit Magenknurren auf. Er friert, er muss weiterlaufen. Es wird hell. Der Wind ist jetzt noch kälter. Seine Füße … wo sind seine Strümpfe? Er braucht etwas zu essen, daran hat er nicht gedacht. Nur weg, weg, etwas anderes hatte er nicht im Kopf, nachdem das Fräulein ihn so verprügelt hat. Er hatte doch nur ein paar Sätze mit dem anderen Jungen gesprochen …

Als er Leute kommen sieht, kriecht er in einen Graben. Er versteht, was sie sagen, als sie an ihm vorbeigehen. Aber er traut sich nicht heraus. Dann läuft er weiter, immer weiter. Er hat solchen Hunger. Plötzlich sieht er die Bahngleise. Soll er auf einen Zug warten? Er folgt den Gleisen. Dann wird es schon wieder dunkel. Er muss in das Dorf gehen, das vor ihm liegt, vielleicht helfen ihm die Leute. Eine alte Frau öffnet die Tür, erschrickt. Geh, geh, sagt sie. Geh. Brot, sagt er nur. Sie schließt die Tür. Er bleibt stehen. Sie kommt zurück, gibt ihm einen Kanten. Dahinten, zeigt sie, ist eine Scheune.

In der Scheune ist kein Stroh mehr. Er rollt sich in eine Ecke, er zittert am ganzen Leib. So kann er nicht schlafen. Er springt herum, bis ihm wieder wärmer ist. Legt sich wieder hin, aber nach kurzer Zeit zittert er wieder. Hier kann er nicht bleiben. Draußen ist es stockdunkel. Er sieht nichts, auch das Dorf nicht. Aufs Geratewohl läuft er los. Stolpert, fällt immer wieder hin. Ist da ein Hund? Er fürchtet sich. Er weint. Mama. Mama. Er fällt wieder. Er kann nicht mehr. Er bleibt liegen. Irgendwann kommt ein Fuhrwerk vorbei, ein Mann steigt ab, packt ihn am Kragen, hievt ihn auf den Wagen, fragt: »Pochodzą z domu dziecka?« Kommst du aus dem Kinderheim? Er kann nur nicken. Der Mann bringt ihm zum Kinderheim. Er bekommt Prügel und wird im Keller eingesperrt. Drei Tage lang. Er wird nie mehr weglaufen.

Klaus B. macht Pause – und steigt wieder ein

Klaus B. weiß, dass die Journalistin noch einmal nach Polen gefahren ist. Er hat ihr eine gute Reise gewünscht – aber warum sie fährt, was sie sucht, danach hat er nicht gefragt. Über ihren Besuch bei seinen polnischen Geschwistern wollte er hinterher alles wissen. Aber jetzt? Nichts. Ist er nicht neugierig, was sie herausgefunden hat?

Die Journalistin ist irritiert, wieder einmal. Dann sagt sie sich: Er hat nie selbst versucht herauszufinden, was in seiner Kindheit mit ihm geschehen ist. Er kennt den Sog nicht, den eine Recherche erzeugt, den Sog, der einen immer weiter treibt, von einer Frage zur nächsten. Der erst nachlässt, wenn man keinen Zeitzeugen mehr auftreiben kann. Wenn kein Archiv mehr auf der Liste steht, in dem noch Dokumente liegen könnten.

Aber dann ändert sich die Situation wieder. Als Post vom Deutschen Roten Kreuz in München eintrifft, steigt Klaus B. wieder ein. Die Behörde hat schnell reagiert. Auf die Frage »Liegt bei Ihnen eine Akte Klaus B./Czesław B.?« haben sie ohne lange zu fackeln eine Kopie geschickt.

Also sitzt die Journalistin wieder vor einem Stapel Papier, blättert, verschafft sich einen ersten Überblick. In der Akte liegen vor allem Briefe, Absender und Adressaten sind das Deutsche Rote Kreuz in München und sein Kindersuchdienst in Hamburg, der ITS in Bad Arolsen, zwei Abteilungen des Bundesverwaltungsamts, nämlich das Auswandereramt in Bremen und das Ausländerzentralregister in Köln, dann das Bürgermeisteramt Wollershausen, das DRK-Ost, das Polnische Rote Kreuz … Eine Korrespondenz, die es in sich hat.

Behördenchaos und Schäfers Lügen

Die Journalistin fährt noch einmal zu Klaus B., im Gepäck die neuen Dokumente. Sie muss die Informationen, die sie aus der DRK-Akte herausgefiltert hat, persönlich überbringen. Denn sie sind so ungeheuerlich, dass sie nicht am Telefon besprochen werden können.

Klaus B. ist aufgeregt, als er sie vom Bahnhof abholt, schließlich hat sie ein paar Andeutungen gemacht, als sie sich verabredet haben. Er fährt beinahe über eine rote Ampel und redet so viel wie noch nie. Und seine Frau hat schon bei der Begrüßung rote Backen. Als sie dann am Esstisch sitzen, jeder eine Kopie der Akte vor sich, ist es plötzlich ganz still. Die Journalistin schlägt vor, seitenweise vorzugehen. Aber Klaus und Sonja B. halten dieses kleinteilige Vorgehen nicht lange aus. Kann sie nicht einfach erklären, was sie entdeckt hat?

Klar, nickt die Journalistin und fängt mit den guten Nachrichten an, den beiden Suchanträgen des polnischen Großvaters. Endlich sind die Daten klar: Sie wurden im Juni 1949 und im Mai 1962 gestellt. Können Sie sich vorstellen, fragt sie, warum der Antrag ausgerechnet 1962 noch einmal wiederholt wurde?

Klaus B. hebt die Schultern. Er war damals schon 24 Jahre alt … Vielleicht wurden die Beziehungen zwischen Polen und Deutschland in dieser Zeit besser? Vielleicht schöpfte der Großvater deshalb noch einmal Hoffnung?

Die Journalistin schüttelt den Kopf. In der Ära Gomulka herrschte politischer Stillstand. Das kann nicht der Grund gewesen sein. Dann lacht sie. Sie findet nämlich etwas anderes viel wichtiger, und zwar die Hartnäckigkeit des alten Mannes! Er wollte seinen Enkel wirklich wiederhaben. Neunzehn Jahre nach dessen Verschwinden hat er noch immer gehofft, dass Czesław gefunden wird.

Klaus B. nickt anerkennend.

Außerdem, macht die Journalistin weiter, haben wir endlich die beiden Suchanträge im Wortlaut, auf Polnisch und in der deutschen Übersetzung. 1962 hatte das Polnische Rote Kreuz geschrieben:

> *Auf Antrag von Jan B. […] suchen wir den während des Krieges verlorenen Enkel Czesław B. […], der 1943 von den Deutschen weggeholt und nach Deutschland verschickt wurde. Seit seiner Fortbringung fehlt jede Nachricht von dem Kinde.*

Es ist also wirklich 1943 passiert, nickt die Journalistin zufrieden, jetzt gibt es keine Zweifel mehr.

Klaus B. guckt erstaunt: Das war doch längst klar!

Aber jetzt ist es quasi amtlich, gibt die Journalistin zurück.

Klaus B. nickt.

Seine Frau tippt auf den Text der deutschen Übersetzung: »Weggeholt«, »verbracht«, »verschickt«, »verloren«, meint sie empört, damit wird doch komplett verharmlost, was damals geschehen ist.

Vielleicht, gibt die Journalistin zu Bedenken, sind diese Formulierungen der polnischen Höflichkeit geschuldet? Oder der Übersetzer hatte keine Vorstellung davon, was damals geschehen ist?

Klaus B. nickt.

Jetzt die schlechten Nachrichten, kündigt die Journalistin an.

Klaus B. senkt den Kopf und schaut vor sich auf den Tisch, als würde gleich ein Urteil über ihn gesprochen.

Zwischen 1949 und 1967 bestand mehrmals eine reelle Chance, Sie zu finden! Aber Sie wurden nicht gefunden. Und wer war dafür verantwortlich? Die Antwort steht in diesen Dokumenten. Klaus B. reagiert nicht.

Seine Frau hält es nicht länger aus und fragt etwas dazwischen.

Aber die Journalistin lässt sich nicht aus dem Konzept bringen. Das war einmal, fährt sie fort, die Bürokratie vom Roten Kreuz. Sie hat die Akte »Czesław B.« jahrelang zwischen ihren beiden Dienststellen München (Allgemeines Rotes Kreuz) und Hamburg (Kindersuchdienst) hin- und hergeschoben. Dabei gingen Unterlagen verloren, darunter der zweite Suchantrag aus Polen mitsamt Übersetzung. Später stellte sich heraus, dass er falsch abgelegt war. Und es gab Reibungsverluste, weil die beiden Dienststellen unterschiedliche Auffassungen vertraten. Der Kindersuchdienst war davon überzeugt, dass Klaus B. ein deutsches Kind ist. Was also sollten sie mit einem Suchantrag aus Polen anfangen? Man ließ ihn liegen. Auch als der ITS mehrmals ausführlich erläuterte, dass Czesław B. und Klaus B. identisch sind, änderte der Kindersuchdienst seine Meinung nicht.

Klaus B. blickt immer noch auf die Tischdecke. Ob er sich vorstellt, was geschehen wäre, wenn er 1949 oder 1962 gefunden worden wäre?

Die Journalistin macht weiter, mit dem ITS und seiner Vorgängerorganisation, der IRO. 1964 schrieb der ITS in einem Brief an den Kindersuchdienst:

> *Durch Einstellung ihrer Tätigkeit (1949) konnte die IRO keine Verbindung zwischen Klaus B. und Herrn Jan B. in Polen herstellen, um den Fall restlos zu klären.*

Das heißt im Endeffekt, die Journalistin schaut Klaus B. an, nur weil die Organisationsstruktur verändert wurde und die Aufgaben der IRO vom ITS übernommen wurden, haben sie die angefangene Arbeit nicht fortgesetzt.

Sonja B. platzt dazwischen: Aber wenn sie das fünfzehn Jahre später, also 1964, festgestellt haben, dann hätten sie den Kontakt doch in diesem Moment herstellen können! Jetzt schaut Klaus B. endlich hoch und meint sarkastisch: Zumal »Herr Jan B.« zwei Jahre vorher einen neuen Suchantrag gestellt hat!

Genau, nickt die Journalistin. Und es kommt noch schlimmer. Der Kindersuchdienst redete sich damit heraus, dass er keine aktuellen Adressen in seinen Unterlagen hätte, weder von Ihrer Pflegefamilie noch von Ihnen. Haben Sie sich denn jedes Mal umgemeldet, wenn Sie umgezogen sind?

Natürlich, fährt Klaus B. auf. Dass muss man doch.

Ob die Meldebehörden damals wirklich so schlecht vernetzt waren?, überlegt die Journalistin laut. Wusste man in Wollershausen – der letzten Adresse, die der Kindersuchdienst hatte – tatsächlich nicht, wohin die Schäfers umgezogen waren? Das hätte man doch herausfinden können, wenn man sich bemüht hätte!

Um zum Verantwortlichen Nummer drei zu kommen, fischt die Journalistin zwei Blätter aus dem Papierstapel heraus. Es ist der gelbe Fragebogen, mit dem 1949 alle Pflege-, Adoptiv- und Heimkinder in den drei westlichen Besatzungszonen erfasst werden sollten. Hier, das ist das ausgefüllte Exemplar, triumphiert sie, und zeigt auf den Stempel in der rechten oberen Ecke: »Landkreis Osterode, Kreisjugendamt«, Nummer »624015«.

Ich erinnere mich an einen Ausflug nach Osterode, unterbricht Klaus B., damals war ich zehn oder zwölf, es ging um irgendeine Untersuchung.

Das könnte passen, überlegt die Journalistin. Vielleicht haben Eva oder Johannes Schäfer Sie beim Kreisjugendamt vorgeführt …

Sonja B. hat mittlerweile angefangen, den Fragebogen zu studieren: »Geboren am 11. August 1939 in Dresden«, liest sie laut vor.

Also wieder das falsche Datum und der falsche Ort, brummt Klaus B. Oder stimmt es vielleicht doch?

Nein, ruft seine Frau, guck hier, auf die Frage: »Ist der Geburtsschein vorhanden?« heißt es: »Ja. Standesamt Dresden«! Dabei wissen wir doch, dass es in Dresden gar keine Papiere von dir gibt!

Richtig, Klaus B. nickt. Außerdem habe ich nie einen Geburtsschein besessen.

Es kommt noch besser, weiter unten, drängt die Journalistin.

»Name des Vaters: Friedrich B.«, jetzt liest Klaus B. laut vor. »Geboren 1914, Ort nicht bekannt, seine Papiere wurden vom Russen abgenommen.« Das könnte ja sein, meint er zögernd. Schäfers haben mir immer gesagt, Friedrich B. sei 1942 an der Ostfront gefallen. Und das steht ja auch in dem Lebenslauf, den sie mir damals diktiert haben.

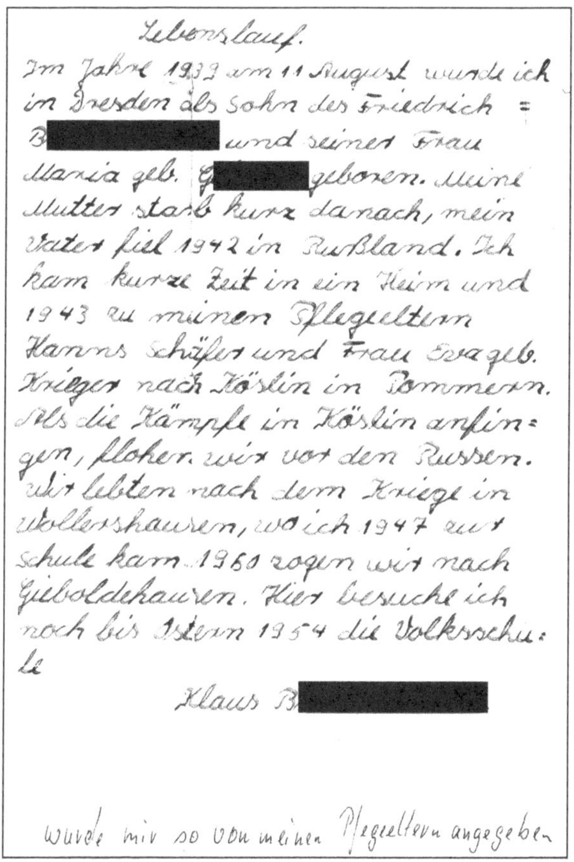

Lebenslauf.

Im Jahre 1939 am 11 August wurde ich in Dresden als Sohn des Friedrich = [redacted] und seiner Frau Maria geb. [redacted] geboren. Meine Mutter starb kurz danach, mein Vater fiel 1942 in Rußland. Ich kam kurze Zeit in ein Heim und 1943 zu meinen Pflegeeltern Hanns Schäfer und Frau Eva geb. Krieger nach Köslin in Pommern. Als die Kämpfe in Köslin anfingen, flohen wir vor den Russen. Wir lebten nach dem Kriege in Wollershausen, wo ich 1947 zur Schule kam. 1950 zogen wir nach Gieboldehausen. Hier besuche ich noch bis Ostern 1954 die Volksschule

Klaus [redacted]

wurde mir so von meinen Pflegeeltern angegeben

Lebenslauf, den Klaus B. am Ende der Schulzeit verfasst hat

Aber hier, ruft seine Frau dazwischen, hier heißt es »gefallen am 28. September 1944 in Nymwegen«. Das ist zwei Jahre später! Und Nymwegen – das ist in Holland, oder?

Ja, nickt die Journalistin, und da gab es keine Russen, sondern nur Amerikaner und Briten.

Der Pflegevater war damals in Holland, erinnert sich Klaus B., bei einer Genesenden-Kompanie. Vielleicht hatten Schäfers das im Kopf, als sie den Fragebogen ausfüllen mussten?

Seine Frau liest schon weiter: »Von wo kam das Pflegekind in die Pflegestelle? Antwort: Von den Großeltern G. der verstorbenen Mutter«. Das gibt es doch gar nicht, platzt sie heraus. Sie behaupten, sie hätten dich von den Großeltern bekommen!

Klaus B. übernimmt: »Durch wen wurde das Kind in die Pflegestelle vermittelt? Durch persönliche Bekanntschaft des Vaters oder der Mutter? Durch eine Wohlfahrtsorganisation, Jugendamt, NSV und so weiter … Antwort: Persönliche Bekanntschaft des Vaters im Kriege anlässlich seiner Verwundung.«

Klaus B. lehnt sich zurück. Unglaublich!, sagt er leise. Persönliche Bekanntschaft! Sie haben gelogen. Er flüstert fast. Die Stiefmutter hat doch ihren Eltern damals selbst geschrieben, dass sie mich aus dem Heim in Bad Polzin geholt hat. Und mir Jahre später in einem Brief mitgeteilt, dass es ein Lebensborn-Heim war. Dass ich diesen Brief zerrissen habe … Plötzlich wird er laut: Und hier haben sie gelogen! Alles gelogen, eine einzige Lüge! Er wischt die Blätter beiseite.

Seine Frau fängt sie noch rechtzeitig auf, bevor sie zur Erde segeln, und legt ihm die Hand auf den Arm. Klaus, sagt sie beschwichtigend. Klaus! Sie ist plötzlich ganz ruhig.

Klaus B. beginnt zu lachen Sie haben alles manipuliert, mein ganzes Leben! Er schnaubt.

Komm, wir lesen weiter, es geht ja noch weiter, versucht seine Frau abzulenken. »Alle Adressen, wo das Kind länger als zwei Wochen lebte«, liest sie. Als Antwort steht hier: »1945 bis 1949 Wollershausen« – ist klar. »1944 bis 1945 Köslin« – ist auch klar. »1944 … Rothenburg O.L.« Du warst nie in einem Rothenburg! »Vorher – Breslau.« Und in Breslau warst du auch nie!

Klaus B. schüttelt den Kopf. Wenn Dresden dort stehen würde, das wäre logisch, meint er, aber Breslau? Warum plötzlich Breslau? Und dieses Rothenburg O.L.?

O.L. bedeutet Oberlausitz, schiebt die Journalistin ein.

Sonja ist schon weiter: »Wurde das Kind früher durch die NSV oder eine andere NS-Organisation betreut? Antwort: »Nein!« Ihre Stimme versackt. Sie schüttelt den Kopf, immer wieder. Nur falsche Angaben. Zwei Seiten mit falschen Angaben.

Klaus B. steht vom Tisch auf, läuft im Zimmer herum. So hat ihn die Journalistin noch nie erlebt. Zornig. Wütend. Laut. So eine Gemeinheit, sagt er immer wieder. So eine Gemeinheit. Das hätte er seinen Stiefeltern nicht zugetraut. Er hat immer gedacht, das sind liebe, anständige Leute. Er wäre nie auf den Gedanken gekommen, dass sie in der Lage sind, so etwas zu machen.

Warum, fragt die Journalistin in den Raum, hätten sie das wohl »gemacht«?

Klaus B. kommt zurück an den Tisch und setzt sich: Vielleicht wollten sie, dass ich als Deutscher dastehe. Und nicht als Pole.

Das würde voraussetzen, gibt die Journalistin zu bedenken, dass Schäfers Bescheid wussten.

Sie haben bestimmt gewusst, dass Klaus Pole ist, erklärt Sonja B. überzeugt. Wenn ich ein Kind annehme, dann will ich doch wissen, woher es kommt!

Klaus B. nickt. Er kann einfach nicht glauben, dass man Eva Schäfer nicht die Wahrheit gesagt hat, als sie ihn aus dem Lebensborn-Heim abgeholt hat.

Dann wäre diese ganze Lügengeschichte ihre private »Germanisierungsstrategie« gewesen? Nein, die Journalistin schüttelt den Kopf, dass kann sie sich nicht vorstellen. Vielleicht wollten Schäfers ihr Pflegekind schützen, weil sie wussten, wie stark die Ablehnung gegenüber Polen damals war? Oder sie hatten ihren Klaus einfach lieb gewonnen und wollten ihn behalten? Wie die Pflegeeltern von Barbara Paciorkiewicz und Alojsy Twardecki … Die Journalistin schaut fragend von einem zum anderen.

Klaus B. schüttelt den Kopf. Ob sie ihn so lieb hatten – nein, das glaubt er nicht. Warum nicht? Klaus B. schweigt.

Wie auch immer, fasst die Journalistin zusammen: Die Antworten der Schäfers im gelben Fragebogen haben entscheidend dazu beigetragen, dass Sie nicht gefunden und nach Polen zurückgebracht wurden. Der Kindersuchdienst hat Schäfers Angaben für bare Münze genommen, obwohl der ITS ausdrücklich davor gewarnt hat.

Klaus B. beginnt wieder herumzulaufen. Ich hätte meine Mutter und meinen Großvater kennenlernen können. Manchmal denke ich: Wenn ich heute einen von den Kerlen erwischen würde, die ihnen das angetan haben – ich wüsste nicht, was ich mit denen machen würde.

Sonja B. steht auf und legt ihm eine Hand auf den Rücken: Ganz ruhig bleiben, sagt sie nur.

Ist doch wahr!, trumpft Klaus B. noch einmal auf, schaut seine Frau an, nickt und setzt sich wieder an den Tisch.

Soll ich uns ein Glas Wein holen?, fragt Sonja B. unvermittelt und nimmt schon die Gläser aus dem Schrank. Ich muss die Gelegenheit ausnutzen, wenn jemand zu Besuch ist. Klaus trinkt ja keinen Alkohol.

Klaus B. lacht, steht auf, öffnet die Balkontür, stellt sich an die Brüstung und schaut übers Tal. Empörung, Enttäuschung, Trauer flattern davon. Eine Amsel singt.

Die Journalistin sammelt die Papiere zusammen.

Dass man über eine Person so viel herausfinden kann, sagt Klaus B., als er wieder ins Zimmer zurückkommt.

Seine Frau füllt langsam zwei Weingläser: Ja, was man noch alles findet, Unterlagen von 1963! Wenn man sich vorstellt, wie viele Kinder man damals gesucht hat. Und von jedem gibt es einen solchen Berg Papier …

Der Stiefvater – 1945–1973

Sie haben also gelogen, die Stiefeltern Johannes und Eva Schäfer. Das steht nach der Lektüre des gelben Fragebogens endgültig fest. Ihre Behauptung, Klaus B. sei von seinen Großeltern zu ihnen gekommen, hat das Lügengespinst endgültig zerrissen.

Nur: Warum haben sie gelogen?, grübelt die Journalistin. Aus finanziellen Gründen, meinte Sonja B. beim letzten Besuch. Schließlich bekamen Schäfers Pflegegeld, eine feste Summe in einer Zeit, in der es ihnen materiell schlecht ging. Klaus B. hatte widersprochen: Dass Geld eine Rolle gespielt hat, konnte er sich nicht vorstellen. Und an Schäfers Zuneigung zu ihrem Pflegekind glaubte er auch nicht. Sie wollten ein deutsches Kind, kein polnisches, hatte er erklärt, warum auch immer. Und was glaubt sie selbst? Sie kennt diese Menschen nicht … vielleicht findet sie deshalb politische Motive so nahe liegend. Johannes und Eva Schäfer haben ihrer Meinung nach gelogen, um ihre Beteiligung am NS-Regime nach außen nicht aktenkundig zu machen. Sie wollten »undercover« bleiben, da schien es angebracht, das Wort »Lebensborn-Heim« nicht in einen Fragebogen einzutragen.

Mit dieser Strategie waren sie nicht allein – und wie die meisten hatten sie damit Erfolg. Der überzeugte Nationalsozialist Johannes Schäfer, Ex-SS-Brigadeführer, Polizeichef von Danzig und Litzmannstadt, kam durch.

Denn: Johannes Schäfer verhielt sich clever. Er setzte sich mit einem Trick aus der US-amerikanischen Kriegsgefangenschaft ab. Er ging aus der sowjetischen in die britische Besatzungszone. Er nannte sich nicht mehr Johannes Schäfer, sondern Hans Schäfer. Er tauchte mit seiner Familie in einem winzigen niedersächsischen Dorf unter.

Johannes Schäfer hatte Glück. Er entging dem »automatischen Arrest von NSDAP-Funktionsträgern, SS- und Gestapo-Angehörigen«, bei dem kurz nach Kriegsende 200 000 Personen vorübergehend festgesetzt wurden. Er wurde nicht entnazifiziert. Vermutlich weil die Briten nur diejenigen überprüften, die eine »einflussreiche Position« einnahmen. Als Gespannführer fiel Johannes Schäfer auch durch dieses Raster – und eine freiwillige Meldung lehnte er entschieden ab. Sein Name tauchte auf keiner Fahndungsliste auf. Er wurde also nicht gesucht, verhaftet, verhört, ausgeliefert, verurteilt. Obwohl er Angst davor hatte.

Trotz allem blieb der Boden für ihn unsicher. Das stellt die Journalistin bei ihrer letzten Archiv-Recherche fest, die sie in die Ludwigsburger Dependance des Bundesarchivs führt. Dort liegen die Akten der »Zentralen Stelle der Landesjustizverwaltungen zur Aufklärung nationalsozialistischer Verbrechen«. Sie wurde 1959 eingerichtet, um »Tötungsverbrechen an Zivilpersonen« zu untersuchen, die von Deutschen »außerhalb der eigentlichen Kriegshandlung und außerhalb Deutschlands« begangen worden waren.

Tatsächlich taucht in diesen Akten der Name Johannes Schäfer auf. Allerdings stand der Ex-SS-Brigadeführer und Polizeichef nicht unter Verdacht, sondern wurde als Zeuge vernommen. Riskant war das trotzdem, denn wer nicht zu den Opfern gehörte, war potenziell tatverdächtig.

Fünfmal musste Schäfer zwischen 1959 und 1973 als Zeuge aussagen. In drei Untersuchungsverfahren stammten die Beschuldigten aus seinem Danziger bzw. Litzmannstädter Umfeld. SS-Gruppenführer Knoop stand wegen Erschießungen im Warthegau unter Verdacht, SS-Sturmbannführer Eimann und SS-Gruppenführer Hildebrandt wegen »Euthanasiehandlungen«, SS-Obergruppenführer Beckerle, Schäfers Vorgänger als Polizeipräsident in Litzmannstadt, später deutscher Botschafter in Sofia, wegen Deportation bulgarischer Juden. Im vierten Verfahren ging es um die Erschießung eines Polen beim Kampf um die polnische Post von Danzig. Die fünfte Vorladung schließlich beruhte auf einer Verwechslung mit einem anderen SS-Brigadeführer namens Schäfer.

Wie wichtig der Zeuge Schäfer tatsächlich war, vermag die Journalistin nicht abzuschätzen. Was sie liest: Johannes Schäfer machte sich selbst wichtig. In seinen Erinnerungen notierte er: »Nachdem ich dem Staatsanwalt die Vorgänge in Danzig und deren kriegsrechtliche Verhältnisse geschildert hatte, wurde die Klage abgewiesen.«[33]

Was die Journalistin ebenfalls herausliest: Schäfers Aussagen standen unter dem Vorzeichen, die Beschuldigten zu decken, reinzuwaschen und so zu agieren, dass nicht der Schatten eines Verdachts auf ihn selbst fiel. Obwohl er seinen Vorgänger in Litzmannstadt kaum kannte, unterstellte er ihm dieselben Motive, die – angeblich – sein eigenes Handeln bestimmt hatten. Beiden sei es um nichts anderes als die Herstellung von Recht und Ordnung gegangen und den marodierenden, mordenden Einsatzgruppen Einhalt zu gebieten.

Tatsächlich geriet Schäfer in keinem der fünf Verfahren in Verdacht. Er kam durch, in den ersten Nachkriegsjahren und in der Zeit der großen NS-Prozesse. So geschickt hatte er verstanden, sich still zu verhalten, zu schweigen und sich in ein gutes Licht zu rücken. Dass diese Strategien gleichzeitig das Leben seines Pflegekinds manipulierten und dessen Wurzeln fast vollständig durchtrennten, war aus seiner Perspektive allenfalls ein Nebeneffekt. Für Klaus B.s Leben waren sie entscheidend.

Warum gibt es keine Entschädigung?

Die Journalistin hat das Thema lange vor sich hergeschoben. Die Verbindung von Schmerz und Geld erscheint ihr gefühllos und absurd. Aber die Frage liegt auf dem Tisch. Andrzej Jabłoński, der Bruder aus Rogoźno, hat nach einer Entschädigung gefragt, auch Klaus B. bringt gelegentlich die Sprache darauf. Vor kurzem hat er sich deswegen sogar an seinen Bundestagsabgeordneten gewandt. Und der Freiburger Verein »Geraubte Kinder – vergessene Opfer« fordert hartnäckig eine materielle Entschädigung für seine Klientel. Bisher ohne Erfolg.

Die verschleppten Kinder werden nicht als NS-Opfer anerkannt – dann hätten sie nämlich Anspruch auf Leistungen aus dem Bundesentschädigungsgesetz. Stattdessen hat ihnen das Finanzministerium attestiert, bei ihrem Schicksal handele es sich um ein »allgemeines Kriegsfolgenschicksal«, aus dem sich keine Ansprüche ableiten ließen. Dieser vermutlich geldgesteuerten Logik hat der Petitionsausschuss des Deutschen Bundestages zwar mittlerweile widersprochen:

Die verbrecherischen Maßnahmen werden nicht »als militärische Maßnahme oder unmittelbare Kriegseinwirkung betrachtet«, heißt es. Der Ausschuss erkennt auch an, dass die Verschleppung Teil der nationalsozialistischen Rassenpolitik war. Trotzdem lehnt er finanzielle Leistungen für die geraubten Kinder ab und plädiert stattdessen für »Projekte der Erinnerungskultur«.

Klaus B. – und nicht nur er – fühlt sich ignoriert und ungerecht behandelt. Er verweist auf Opfer der heutigen Gesellschaft, die sich Entschädigungen erkämpft haben, Homosexuelle zum Beispiel, DDR-Heimkinder, Missbrauchsopfer – sie haben die Aufmerksamkeit und das Mitgefühl der anderen. Die Frauen und Männer, die als Kinder zwangsgermanisiert wurden, nicht.

Die da oben sitzen das aus, sagt Klaus B. Lange haben wir nicht mehr zu leben, dann hat sich das Problem von selbst erledigt. Es geht mir nicht um das Geld, sagt er, es geht mir um Anerkennung. Aber was sind denn Zeitungsberichte und TV-Reportagen, was sind Veranstaltungen und Ausstellungen anderes als Anerkennung, überlegt die Journalistin. Oder ist es letztlich doch so, dass nur Geld als Zeichen von Anerkennung zählt?

Gedankenspiele: Wie wäre Klaus B.s Leben verlaufen, wenn …

Wäre Klaus B. gesund, würde er sich nicht vor neuen Herzattacken fürchten, dann würde er sich eine Reise nach Polen zutrauen. An den Ort seiner Geburt, an das Grab seiner Mutter, zu seinen drei Geschwistern Barbara Mitrenga, Jolanta Jabłońska und Andrzej Jabłoński. Er würde ihre Ehepartner kennenlernen, ihre Kinder, Schwiegerkinder und Enkel – seine Familie, sechzehn Personen, die neun Cousins und Cousinen und deren Nachwuchs nicht einmal mitgerechnet. Er würde polnisches Essen sehen, riechen und schmecken. Er bekäme einen Eindruck von dem Haus, in dem er als Kind gelebt hat, von den Straßen, in denen er herumgelaufen ist, von dem kleinen Fluss, an dessen Ufer er gespielt hat … Auch wenn er sich an nichts erinnert.

Hätten die Nationalsozialisten seine Muttersprache nicht aus seinem Gedächtnis gelöscht, könnte er mit seinen Geschwistern telefonieren. Er könnte ihnen schreiben, ohne ständig jemanden bitten zu müssen, ihm die Zeilen zu übersetzen. Er könnte mit ihnen sprechen, wenn ihm danach ist, ganz direkt und ohne die Hilfe von Barbara Mitrengas Schwiegersohn.

Wäre Klaus B. als Elfjähriger (1949) gefunden und nach Polen zurückgebracht worden, wäre das für ihn sicher nicht leicht geworden. Er hätte sich fremd gefühlt in der neuen-alten Familie, zu der mittlerweile ein Stiefvater und zwei Geschwister gehörten. Er hätte das vertraute Milieu vermisst, vor allem seine beiden deutschen Stiefbrüder. Er hätte mit Menschen zu tun gehabt, die Vorbehalte gegenüber einem Kind hatten, das zu einem »deutschen« Kind geworden war. Barbara Paciorkiewicz hat das schmerzlich erfahren, als sie im Sommer 1948 zu ihrer Tante nach Gdańsk gebracht wurde und als »deutsches« Mädchen, das nur deutsch sprach, von Kindern und Erwachsenen verspottet und ausgegrenzt wurde. Er hätte Mühe gehabt, die polnische Sprache zu lernen, die er völlig vergessen hatte. Aber das Gefühl, willkommen zu sein, aufgenommen und geliebt zu werden – wäre das nicht eine gute Basis für das neue Leben gewesen?

Wäre Klaus B. als Vierundzwanzigjähriger (1962) aufgespürt worden, dank des zweiten Suchantrags seines Großvaters Jan B., wäre er vermutlich in Deutschland geblieben, dem Land, in dem er aufgewachsen war und dessen Sprache er sprach, wo er einen Beruf und eine Arbeitsstelle hatte – und seine Sonja! Aber er hätte trotz aller politischen und bürokratischen Hindernisse und Hürden seine Mutter, seine Geschwister, seine Großeltern kennenlernen können. Und sein Leben in Deutschland wäre anders verlaufen. Vielleicht hätte er heute Kinder und Enkel.

Lohnt es sich, nach der Wahrheit zu suchen?

Klaus B. beteuert immer wieder, dass er zuletzt wirklich wissen wollte, was mit ihm als Kind geschehen ist. Nicht dass er sich danach gedrängt hätte. Aber als sich vor ein paar Jahren die Gelegenheit bot, war er innerlich bereit. Dass die Wahrheit sein Herz und seine Seele aus dem Takt bringen würde, damit hat er gerechnet, das hat er immer befürchtet. Deshalb hat er selbst nichts unternommen – selbst die Anfrage in Dresden kam auf Initiative des Notars zustande. Deshalb hat er sich im Laufe der Recherchen manchmal gefragt, ob er »weitermachen« soll. Ob ihm die Fakten nicht reichen, die bis dahin ans Tageslicht gekommen waren.

Jetzt liegt die Wahrheit auf dem Tisch. Nicht vollständig, einige Fragen sind immer noch offen. Warum haben die Stiefeltern gelogen? Wussten sie, dass Klaus B. ein gestohlenes polnisches Kind ist? Warum hatte er Frostbeulen, als Eva Schäfer ihn aus dem Heim holte? Und wie es möglich war, ihn als Fünfjährigen einer solchen Gehirnwäsche zu unterziehen – das kann er immer noch nicht recht begreifen. Schließlich die größte und nicht recherchierbare Frage: Wer ist sein Vater?

Trotzdem wiegen die neuen Erkenntnisse in der Summe schwerer. Klaus B. weiß jetzt, wann und wo er geboren wurde. Er kennt den Namen und das Gesicht seiner Mutter und seines Großvaters. Er weiß, was im September 1943 in Rogoźno geschehen ist. Auf welchem Weg, über welche Stationen, unter welchem Vorzeichen er zu den Schäfers gekommen ist. Und: Er hat seine polnische Familie gefunden.

Aber all das ist und bleibt – bis auf den letzten Punkt – Papierwissen. Es stammt nicht aus den Erzählungen einer Frau, die an den schrecklichen Tag im September 1943 zurückdenkt, an dem ihr kleiner Sohn verschwand, für immer. Es stammt nicht von einem alten Mann, der sich daran erinnert, wie sehr ihn die Sorge um seine Tochter gequält hat, die in ihrer Trauer zu versinken drohte. Und wie sehr er jahrelang gehofft hat, dass der verlorene Enkel nach Hause zurückkehrt.

Das neue Wissen bleibt abstrakt. Ihm fehlen Stimmen, die trösten oder weinen, Hände, die halten und streicheln. Ihm fehlen Gefühle, Angst und Verzweiflung, Wut und Widerstand, Liebe und Lachen. So jedenfalls erklärt sich die Journalistin Klaus B.s Reaktionen. Er nimmt das neue Wissen zur Kenntnis – und wie sehr es ihn wohl doch beschäftigt, das zeigt er nicht, das behält er für sich.

Nur wenn es um die Schäfers geht, um Personen, die er kannte, und um Jahre, an die er sich erinnert, reagiert er anders: Dann regt er sich auf, wird laut und haut auch mal auf den Tisch, unter dem strafenden Blick seiner Frau.

Und wenn er seinen Geschwistern begegnet? Wenn das Papierwissen aufhört und das konkrete, sinnliche Leben beginnt? Bisher gab es nur zwei Begegnungen, seine Schwestern

Barbara Mitrenga und Jolanta Jabłońska sind mit Krystian und Marta Andrzejewski, Barbaras Tochter und Schwiegersohn nach R. gekommen. Klaus B. hat diese Tage als regelrechtes Gefühlsbad erlebt. Er war überwältigt – und umso deutlicher hat er die Hindernisse und Barrieren empfunden, die zwischen ihnen bestehen. Ich habe meine Familie gefunden, sagt er, aber ich habe nichts von der Familie.

Sie leben weit voneinander entfernt. Räumliche Nähe, wie er sie mit den Geschwistern seiner Frau erlebt, wird es nie geben. Also keine spontanen Begegnungen, keine gemeinsamen Geburtstagsfeiern, keine praktische Unterstützung.

Sie haben keine gemeinsame Sprache. Klaus B. spricht kein Polnisch, die Geschwister kein Deutsch. Und keiner von ihnen hat Englisch gelernt.

Sie haben keine gemeinsame Geschichte. Dabei zeichnet gerade diese Beziehungen zwischen Geschwistern aus. Sie haben keine gemeinsamen Erinnerungen, Erlebnisse, Erfahrungen, die zusammenschweißen oder auseinandertreiben.

Ändern können Klaus B. und seine Geschwister daran nichts – das wissen beide Seiten. Niemand wird umziehen, um näher an den anderen heranzurücken. Niemand wird jemals die Sprache des anderen sprechen – auch wenn Jolanta Jabłońska jeden Tag ein deutsches Wort lernt. Und die Chance auf eine gemeinsame Geschichte ist immer wieder zerstört worden. Von den Nationalsozialisten und vom Kalten Krieg, von den Schäfers und von diversen Behörden.

Also verhält Klaus B. sich realistisch. Er hat keine hohen Erwartungen an seine wiedergefundene Familie. Darin unterscheidet er sich von anderen Lebensborn-Kindern, die sich mit Elan auf ihre neuen Geschwister stürzen und nach einiger Zeit feststellen müssen, wie schwach das Band bleibt. Er schützt sich vor Enttäuschungen. Er hat nicht vor, seine polnische Identität wiederzubeleben. Die polnische Staatsbürgerschaft, ein polnischer Pass sind für ihn kein Thema.

Trotzdem freut er sich, dass Jolanta und Andrzej ihn besuchen wollen, sobald es geht.

Trotzdem hält er den Kontakt zu seinen polnischen Geschwistern, schreibt ihnen, schickt kleine Geschenke und telefoniert mit Krystian, dem Deutsch sprechenden Schwiegersohn.

Trotzdem unterschreibt er Briefe manchmal mit seinen beiden Namen, Klaus B. und Czesław B.

Trotzdem versucht er, sein Herz zu stabilisieren. Vielleicht kann er irgendwann doch noch nach Polen reisen?

Aber es drängt ihn nicht. Und große Hoffnung hat er auch nicht.

Dank

Mein Dank gilt zu allererst Klaus B. für seine Bereitschaft, mir seine Geschichte zu erzählen, sich auf die Achterbahnfahrt der Recherchen einzulassen und Dokumente und Fotos zur Verfügung zu stellen. Dafür gebühren ihm mein ganzer Respekt und meine Bewunderung. Ich danke auch Sonja B., die viele Informationen beigesteuert und ihrem Mann ausdauernd den Rücken gestärkt hat. Barbara Mitrenga, Jolanta Jabłońska und Andrzej Jabłoński, den Geschwistern von Klaus B., und ihren Familien danke ich für ihre Unterstützung der Recherchen und für ihre Herzlichkeit, mit der sie mich aufgenommen haben. Die Begegnung mit ihnen hat mich sehr bereichert.

Ein großes Dankeschön geht an Barbara Paciorkiewicz. Sie hat mir Archivtüren geöffnet, mich bei der Sichtung der Dokumente unterstützt und immer wieder übersetzt.

Meiner Kollegin Katrin Lechler danke ich für ihre einfühlsamen Übersetzungen und ihre Erläuterungen zur polnischen Mentalität. Dr. Grete Martin und ihre Polnisch-Lehrerin sprangen für eine Spontanübersetzung ein – und meine Nachbarin Katarina Niewidzial konnte ich immer wieder fragen, wenn eine polnische Mail eintraf und ich es vor Neugier nicht mehr aushielt.

Fachliche Unterstützung verdanke ich Prof. Dr. Isabel Heinemann, Prof. Dr. Birthe Kundrus, Dr. Ines Hopfer-Pfister, Dr. Gerhard Wolf für Hinweise zu Recherchen in Polen, Dr. Christian Pletzing für Tipps in Sachen Staatsbürgerschaft, Prof. Dr. Rosemarie Tracy für Erläuterungen zum Spracherwerb, Dipl.-Psych. Margrit Hohenthal für Erklärungen zum Thema Trauma und Trigger, Uwe Hellmer für Informationen zu Kindesentzug in der DDR, der Historikerin Dr. Susanne Meinl für Hinweise zur BND-Akte Schäfers.

Ohne die folgenden Archive hätte ich die Geschichte von Klaus B. nicht recherchieren können. Mein Dank gilt: dem ITS in Bad Arolsen, vor allem Margret Schlenke und Verena Neusüs, dem Deutschen Roten Kreuz in München und dort Christoph Raneberg, dem Bundesarchiv in Berlin, wo mich Sabine Gresens nachhaltig unterstützte, dem Bundesarchiv in Ludwigsburg, der Deutschen Dienststelle WASt in Berlin, besonders Stephan Kühmayer, dem Staatsarchiv in Nürnberg und dort Gunther Friedrich, dem Niedersächsischen Landesarchiv in Wolfenbüttel und Pattensen, dem BND-Archiv in Pullach.

In Polen waren es das Staatsarchiv in Łódź, das IPN in Warszawa und Łódź, das Staatsarchiv in Kalisz und das Staatsarchiv in Poznań.

Außerdem danke ich Wiltrud Rösch-Metzler und Odilo Metzler, die mich immer aufgenommen haben, wenn ich in Süddeutschland unterwegs war.

Und schließlich danke ich der Stiftung für deutsch-polnische Zusammenarbeit in Warszawa für ihre Unterstützung meiner Reise- und Recherchekasse.

Literaturverzeichnis

Andlauer, Anna: *Zurück ins Leben. Das internationale Kinderzentrum Kloster Indersdorf 1945–46*, Nürnberg 2012

Bryant, Thomas: *Himmlers Kinder. Zur Geschichte der SS-Organisation »Lebensborn e.V.« 1935–1945*, Wiesbaden 2011

Hartl, Peter: *Belogen, betrogen und umerzogen. Kinderschicksale aus dem 20. Jahrhundert*, München 2007

Hauptkommission zur Untersuchung der Naziverbrechen in Polen (Hg.): *Verbrechen an polnischen Kindern 1939–1945*, München/Salzburg 1973

Heinemann, Isabel: *»Rasse, Siedlung, deutsches Blut«. Das Rasse- und Siedlungshauptamt der SS und die rassenpolitische Neuordnung Europas*, Göttingen 2003

Heinemann, Isabel: *Privilegierung und Gewalt. Polnische »Wiedereindeutschungsfähige« in der nationalsozialistischen Umsiedlungspolitik*. In: Böhler, Jochen/Lehnstaedt, Stephan (Hg.): *Gewalt und Alltag im besetzten Polen 1939–1945*, Osnabrück 2012, S. 278–301

Helbing, Iris: *Kinderzentren für polnische Kinder und Jugendliche in der britischen Besatzungszone*. In: Digi Ost 4, Lager – Repatriirung – Integration. Beiträge zur Displaced Persons-Forschung. Hg. von Pletzing, Christian/Velke, Marcus, München 2016, S. 47–70

Herrmann, Theo: *Hildegard Hetzer in Polen*. Deutsche Gesellschaft für Psychologie 2010. www.dgps.de/fachgruppen/fgge/beitraege/psychgesch-beitr_1-2010.pdf. Download 6.11.2017

Hillel, Marc/Henry, Clarissa: *Lebensborn e.V. Im Namen der Rasse*, Wien/Hamburg 1975

Hopfer, Ines: *Geraubte Identität. Die gewaltsame »Eindeutschung« von polnischen Kindern in der NS-Zeit*, Wien/Köln/Weimar 2010

Hrabar, Roman/Tokarz, Zofia/Wilczur, Jacek E.: *Kinder im Krieg – Krieg gegen Kinder. Die Geschichte der polnischen Kinder 1939–1945*, Reinbek bei Hamburg 1981

Koop, Volker: *Dem Führer ein Kind schenken. Die SS-Organisation Lebensborn e.V.*, Köln/Weimar/Wien 2007

Kreger, Tone: *Gestohlene Kinder (Katalog des Museums für neuere Geschichte Celje)*, Ljubljana 2014

Kundrus, Birthe: *Regime der Differenz. Volkstumspolitische Inklusionen und Exklusionen im Warthegau und im Generalgouvernement 1939–1945*. In: Bajohr, Frank/Wildt, Michael (Hg.): Volksgemeinschaft. Neue Forschungen zur Gesellschaft des Nationalsozialismus, Frankfurt am Main 2012, S. 105–123

Lilienthal, Georg: *Der »Lebensborn e.V.«. Ein Instrument nationalsozialistischer Rassenpolitik*, Frankfurt am Main 2003

Lilienthal, Georg: *Kinder als Beute des Rassenkrieges. Der Lebensborn e.V. und die Eindeutschung von Kindern aus Polen, der Tschechoslowakei und Jugoslawien*. In: Dachauer Hefte 9 (1953), S. 181–196

Loew, Peter Oliver: *Wir Unsichtbaren. Geschichte der Polen in Deutschland*, München 2014

Musial, Bogdan: *NS-Kriegsverbrecher vor polnischen Gerichten*. In: Vierteljahreshefte für Zeitgeschichte, Jahrgang 47 (1999) Heft 1, S. 25-56

Oelhafen, Ingrid/Tate, Tim: *Hitler's forgotten children. My life inside the Lebensborn*, London 2015

Reulecke, Jürgen/Schmoock, Reinhard/Jeremicz, Jacek (Hg.): *Kriegskinder in Ostdeutschland und Polen. Groß Neuendorfer Grenzgespräche 2007. Vorträge und Diskussionen*, Berlin 2008

Röger, Maren: *Kriegsbeziehungen. Intimität, Gewalt und Prostitution im besetzten Polen 1939 bis 1945*, Frankfurt am Main 2015

Schäfer, Ingeburg/Klockmann, Susanne: *Mutter mochte Himmler nie. Die Geschichte einer SS-Familie*, Reinbek bei Hamburg 1999

Schäfer, Ingeburg: *Die Truhe. 200 Jahre Geschichte und Geschichten um Frauen meiner Familie*, 2010 (Eigenverlag)

Schenk, Dieter: *Die Post von Danzig. Geschichte eines deutschen Justizmords*, Reinbek bei Hamburg 1995

Schenk, Herrad: *Wie in einem uferlosen Strom. Das Leben meiner Eltern*, München 2002

Schmitz-Köster, Dorothee: *Deutsche Mutter, bist du bereit … Der Lebensborn und seine Kinder*, Berlin 2010

Schmitz-Köster, Dorothee: *Lebenslang Lebensborn. Die Wunschkinder der SS und was aus ihnen wurde*, München 2012

Senfft, Alexandra: *Der lange Schatten der Täter. Nachkommen stellen sich ihrer NS-Familiengeschichte*, München/Berlin/Zürich 2016

Steinert, Johannes-Dieter: *Deportation und Zwangsarbeit. Polnische und sowjetische Kinder im nationalsozialistischen Deutschland und im besetzten Osteuropa 1939–1945*, Essen 2013

Twardecki, Alojzy: *Die Schule der Janitscharen*, Frankfurt am Main 2013

Winterberg, Sonya: Besatzungskinder. *Die vergessene Generation nach 1945*, Berlin 2014

Anmerkungen

1 Ingeburg Schäfer: Mutter mochte Himmler nie. Die Geschichte einer SS-Familie. Reinbek bei Hamburg 1999, S. 109

2 Johannes Schäfers Lebenserinnerungen, an denen er 1949 zu schreiben begann, sind nicht veröffentlicht, Ingeburg Schäfer zitiert aber einige längere Passagen daraus.

3 Schäfer: Mutter möchte Himmler nie, S.71

4 Zeugenaussage Johannes Schäfer vom 22.4.1963 im Prozess gegen Adolf Beckerle, seinem Vorgänger in Łódź. Bundesarchiv (BArch) Ludwigsburg, B 162/3375, Blatt 147

5 Lebenslauf vom 21.4.1943. BArch VBS 286 6400038379

6 Zitiert nach Peter Oliver Loew: Wir Unsichtbaren. Geschichte der Polen in Deutschland. München 2014, S. 166

7 Zitiert nach Isabel Heinemann: Rasse, Siedlung, deutsches Blut. Das Rasse- und Siedlungshauptamt der SS und die rassenpolitische Neuordnung Europas. Göttingen 2003, S. 195 (BArch NS 2/60, Blatt 3-6)

8 Zitiert nach Heinemann: Rasse, S. 26

9 Zum Beispiel in der Rede Himmlers in Bad Schachen am 14.10.1943. Zitiert nach Heinemann: Rasse, S. 524

10 Loew: Wir Unsichtbaren, S. 171

11 Heinrich Himmler: Rede in Bad Schachen, 14. Oktober 1943, Mitschnitt 1´10´55, Internet https://upload.wikimedia.org/wikipedia/commons/3/3a/1943-10-14_-_Heinrich_Himmler_-_Rede_vor_Befehlshabern_der_Wehrmacht_in_Bad-Schachen-1h_42m.ogg

12 Heinrich Himmler: Posener Rede vom 4.10.1943, Internetveröffentlichung www.1000dokumente.de/pdf/dok_0008_pos_de.pdf, S. 11

13 Zitiert nach Nürnberger Prozess Case 8 gegen das Rasse- und Siedlungshauptamt SS, 10. März 1948, S. 5041

14 Anordnung 67/I des Reichskommissars für die Festigung des deutschen Volkstums, gezeichnet SS-Gruppenführer Greifelt: Über die Eindeutschung

von Kindern aus polnischen Familien und Waisenhäusern. 19.2.1942. BArch NS 2/58, Blatt 102-106

15 Vgl. Eingedeutscht oder: Ich konnte mich nicht wiederfinden. Ein Porträt von Barbara P. In: Dorothee Schmitz-Köster. Lebenslang Lebensborn. Der Lebensborn und seine Kinder, München 2012, S. 319-334

16 Vgl. Schäfer: Mutter mochte Himmler nie, S. 109

17 E-Mail von Rosemarie Tracy vom 18. 5. 2016

18 BArch Berlin VBS 283, Archivsignatur: 6050005245; ZA II 11309; VBS 286, Archivsignatur: 6400038380; VBS 286, Archivsignatur: 6400038379; VBS 1, Archivsignatur: 1100037464; R/9361/1, Archivsignatur: 38489, SS (ehem. BDC) Signatur A0002

19 Schäfer: Mutter mochte Himmler nie, S. 149

20 Ebd., S. 208

21 Vgl. Schmitz-Köster: Lebenslang Lebensborn, S. 353–366, Ingrid von Oelhafen, Tim Tate: Hitler's forgotten children. My life inside the Lebensborn. London 2015

22 Nürnberger Prozess Case 8 Dokument 2793

23 Alojsy Twardecki: Die Schule der Janitscharen. Frankfurt am Main 2013. Twardecki hat das Buch ursprünglich auf Deutsch geschrieben. 1969 kam es in einer polnischen Ausgabe heraus, die deutsche Fassung ging verloren. Also wurde es 2013 von Christoph Koch ins Deutsche rückübersetzt.

24 Twardecki: Die Schule der Janitscharen, S. 31

25 Ebd., S. 215

26 Roman Hrabar, Zofia Tokarz, Jacek E. Wilczur: Kinder im Krieg – Krieg gegen Kinder. Die Geschichte der polnischen Kinder 1939-1945. Reinbek bei Hamburg 1981; polnische Originalausgabe 1981

27 Hrabar et. al: Kinder im Krieg, S. 194

28 Ebd, S. 195

29 Verbrechen an polnischen Kindern 1939–1945. Eine Dokumentation. Herausgegeben von der Hauptkommission zur Untersuchung der Naziverbrechen in Polen. Warschau 1969. München und Salzburg 1973, S. 79/80

30 Zitiert nach Heinemann: Rasse, S.523

31 Eidesstattliche Erklärung Johanna Zander 1949, ITS Archivnr. 71.02/595, Copy of 6.1.2/82491345

32 Ines Hopfer: Geraubte Identität. Die gewaltsame »Eindeutschung« von polnischen Kindern in der NS-Zeit. Wien/Köln/Weimar 2010

33 Zitert nach Ingeburg Schäfer: Die Truhe. Zweihundert Jahre Geschichte und Geschichten um Frauen meiner Familie. Selbstverlag 2010, S. 196

Abbildungsverzeichnis

Joschka Fischer
Fritz Stern
Gegen den Strom
Ein Gespräch über
Geschichte und Politik
HERDER